# Umweltfreunde 4

Ein Sachbuch
für die Grundschule

Herausgegeben von
Inge Koch

Erarbeitet von
Ulrike Blumensath
Silvia Ehrich
Rüdiger Horn
Inge Koch

Unter Mitarbeit
der Cornelsen Redaktion

VOLK UND WISSEN

# Umweltfreunde 4

**Herausgegeben von**
Inge Koch

**Erarbeitet von**
Ulrike Blumensath, Silvia Ehrich, Rüdiger Horn, Inge Koch

**Begutachtet von**
Ulrich Gard (Trier), Bernd Willems (Trier)

Redaktion: Katharina Blakert, Britta Frosina
Bildredaktion (Foto): Franziska Becker, Katharina Blakert
Illustrationen: Uta Bettzieche Kapitelvignetten, Detektiv und Hund, 50, 56 (1–2), 58, 59, 78 (Fußstapfen), 79 (Fußstapfen), 94, 100, 101; Katharina Blakert 22 (1), Sylvia Graupner 5, 6, 7, 11, 19, 27, 37, 46, 47, 57, 64, 65, 80 (Birne), 81, 87, 99, 105; Gabriele Heinisch 10 (1), 36 (2), 48, 49, 51, 53, 56 (3-4), 90 (1/3), 98 (2); Kirsten Höcker 10 (2), 13, 30, 31, 42, 43, 82, 83; Kinderzeichnung 73 (Kim-Charline Wichhardt); Katharina Knebel 22, 54, 55, 66, 106 (1), 112; Sandra Menke 90 (2/4–9), 106 (2); Catharina Westphal 52 (2); Karl-Heinz Wieland 32, 33, 44, 45, 66 (l), 69, 92, 93, 96 (1–3); Hans Wunderlich 14, 16, 18, 20, 24, 25, 28, 29, 36 (1), 76, 78, 79, 80, 84, 86, 91, 95, 96 (4–11), 98 (1), 104, 108, 109, 110, 111

Umschlaggestaltung: tritopp, Berlin; Katharina Knebel (Illustration), Uta Bettzieche (Detektiv und Hund)
Layout: tritopp, Berlin
Gestaltung und technische Umsetzung: Saskia Klemm, Berlin

**www.cornelsen.de**



1. Auflage, 6. Druck 2025



Druck: AZ Druck und Datentechnik GmbH, Kempten

ISBN 978-3-06-080709-3 (Schülerbuch)
ISBN 978-3-06-080737-6 (E-Book)

PEFC
PEFC/04-31-2260
PEFC-zertifiziert
Dieses Produkt stammt aus nachhaltig bewirtschafteten Wäldern und kontrollierten Quellen
www.pefc.de

# Inhalt

## Was diese Zeichen bedeuten

| | | |
|---|---|---|
| **Wort** S. 2/3 | Begriff | Der Begriff wird im Kapitel „Zum Nachschlagen“ erklärt. |
| | Wegweiser | Lies im Wegweiser nach. Wende die Methode an. |

**EXPERIMENT**
Hier findest du selbst etwas heraus.

**INTERESSANT**
Hier kannst du etwas nachlesen.

**LEICHTER LERNEN**
Hier erhältst du Tipps zum Lernen.

**MITMACHEN UND NACHDENKEN**

Regenbogen-Aufgabe
Löse sie zusammen mit anderen oder allein.

Wähle Aufgaben aus. Bearbeite sie.

- wiedergeben, nachmachen
- herausfinden, erklären
- weiterführen, begründen

# In der Schule

**Woher kommen die Kinder unserer Schule?**

Das Foto beschreiben; Zusammenhänge zwischen der Frage und der unteren Abbildung herstellen

# Kinder unterschiedlicher Herkunft

In unsere Schule gehen Kinder unterschiedlicher Herkunft. Sie sind in verschiedenen Orten und Familien aufgewachsen.

**1** Lest die Texte.
Was berichten die Kinder über ihre Herkunft?

Hoa

Meine Oma und mein Opa kamen vor 37 Jahren aus Vietnam in die DDR, um hier zu studieren. Nach dem Studium haben sie Arbeit gefunden und sind geblieben. Sie haben geheiratet und zwei Mädchen bekommen: meine Mama und meine Tante. Mein Vater ist Brandenburger. Darum kann ich Deutsch und auch Vietnamesisch sprechen. Als wir letztes Jahr Mamas Verwandte in Vietnam besuchten, konnte ich mich ganz gut mit ihnen unterhalten.

Niklas

Mein Zuhause ist Bensdorf, ein Dorf in Brandenburg. Hier wohnen auch meine Freunde. Wir treffen uns nachmittags oft, um zusammen Fußball zu spielen. Bensdorf hat nur etwas mehr als 1200 Einwohner. Jeder kennt jeden. Das finde ich toll. Und ich freue mich auf Feste, die alle zusammen feiern. Zum Beispiel das Herbstfeuer, das die Freiwillige Feuerwehr zusammen mit Vereinen organisiert.

Amal

Ich komme aus Aleppo. Das ist die zweitgrößte Stadt in Syrien. Der Krieg hat dort fast alles zerstört, deshalb mussten wir unsere Heimat verlassen. Wir haben uns auf den Weg nach Europa gemacht. Immer wieder mussten wir Menschen bezahlen, damit sie uns helfen. Ich habe während unserer Flucht viel Schlimmes gesehen, über das ich noch nicht reden kann. Hier in Deutschland hat meine Familie einen Antrag auf **Asyl** gestellt. Ich freue mich, dass ich nun wieder zur Schule gehen darf. Aber ich habe auch Angst davor, dass wir vielleicht nicht bleiben dürfen.



Einblick gewinnen, wie Kinder leben; Kindern unterschiedlicher Herkunft begegnen; erkennen, dass alle Menschen verschieden sind, Kinder auch

Tim

Ich wohne erst seit Kurzem in Brandenburg. Mein Vater arbeitet für eine große Firma in Deutschland und in anderen Ländern. Unsere ganze Familie zieht deshalb oft in eine andere Stadt oder ein anderes Land um.
Wir haben schon in Griechenland und in Südafrika gelebt. Deshalb spreche ich ein wenig Griechisch und gut Englisch. In zwei Jahren werden wir wohl wieder wegziehen. Es ist schwer, immer wieder neue Freunde zu finden.

Kingsley

Meine Mutter ist Dolmetscherin. Sie hat in den USA studiert und dort meinen Papa kennengelernt. Papa arbeitet in einer Computerfirma. Mein Bruder und ich sind in San Francisco geboren. Als ich drei Jahre alt war, sind wir nach Deutschland gezogen.
Mein großer Bruder ist jetzt für ein Jahr bei unserer Oma in Amerika. Er geht dort zur Schule. Das möchte ich auch machen, wenn ich älter bin.

Beeke

Meine Eltern und ich sind von der Nordsee nach Brandenburg umgezogen. In meiner alten Schule hatte ich auch Unterricht in Plattdeutsch. Das ist eine Mundart, die im Norden Deutschlands gesprochen wird. Mit meiner neuen Freundin übersetze ich jetzt Wörter ins Plattdeutsche. Mund heißt auf Plattdeutsch „Snuut" und Brötchen „Stuntje".
Auch die Landschaft ist ganz anders. Das Meer fehlt mir. Aber dafür gibt es hier den Spreewald, den ich bald mal besuchen möchte.

## MITMACHEN UND NACHDENKEN

**2** Erzähle über deine Herkunft: deine Familie, deine Umgebung und deinen Ort, in dem du geboren und aufgewachsen bist.

**3** Wie würdest du dich fühlen, wenn du in ein fremdes Land ziehen musst?
- Was würdest du vermissen?
- Was müsstest du neu lernen?

Notiere.

**4** Stell dir vor: Kinder sind neu nach Brandenburg gezogen. Diskutiert: Wie können wir den Kindern helfen, sich nicht fremd zu fühlen, sondern zu Hause?

Einblick gewinnen, wie Kinder leben; erkennen, dass alle Menschen verschieden sind, Kinder auch; Familien- und Lebensgeschichten kennenlernen

**AH** S. 2/3

## Alte und neue Schulgeschichten

**1** Beschreibe die Fotos von der Einschulung. Was hat sich bis heute nicht verändert? Lies die Texte. Vergleiche mit deiner Schulzeit.

Uroma besuchte die Schule von 1929 bis 1937. Sie hatte jeden Tag einen langen Schulweg. Sie musste vom Rand der Stadt ins Zentrum laufen. In der Schule unterrichtete ein Lehrer mehrere Klassen gleichzeitig in einem Raum.

Oma kam 1956 in die erste Klasse. Sie war stolz auf ihren braunen Ranzen, die Schiefertafel zum Schreiben und den Griffelkasten. Oma besuchte die Schule bis zur 10. Klasse und lernte dann Schneiderin.

**2** Erkläre den Zeitstrahl.

1925 • • • • 1930 • • • • 1935 • • • • 1940 • • • • 1945 • • • • 1950 • • • • 1955 • • • • 1960 • • • • 1965 • • • •

Schreibheft

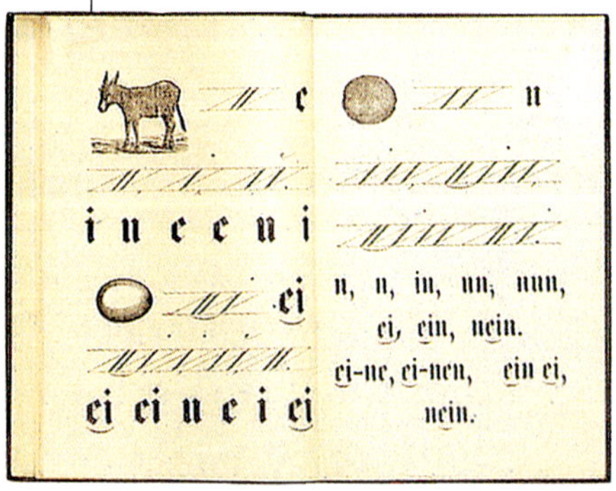


Fibel

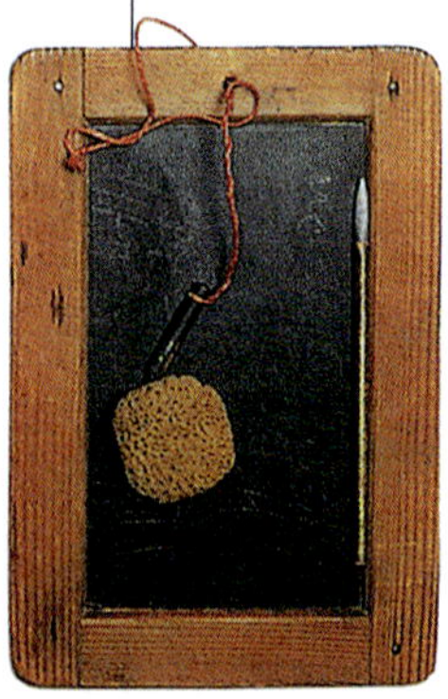

Schiefertafel

Anhand von Quellen nachvollziehen, wie Kinder früher lebten;
Ereignisfolge der Schulgeschichte in einer Familie mithilfe des Zeitsrahls analysieren

Meine Mutter kam 1981 zur Schule. Viele Kinder ihrer Klasse kannte sie schon aus dem Kindergarten. In den Ferien fuhr sie oft in ein Ferienlager. Nach dreizehn Jahren machte meine Mutter Abitur.

Ich bin Louisa und wurde 2014 eingeschult. Ich konnte schon ein wenig lesen und am Computer schreiben. Ich gehe gern zur Schule. Später möchte ich Lehrerin werden. Meine beste Freundin heißt Clara.

1970 • • • • 1975 • • • • 1980 • • • • 1985 • • • • 1990 • • • • 1995 • • • • 2000 • • • • 2005 • • • • 2010 • • • • 2015

Fibel Schulfüller

## MITMACHEN UND NACHDENKEN

**3** Frage in der Familie nach „Schulgeschichten“. Fertige dazu einen Zeitstrahl an und beschrifte ihn.

**LEICHTER LERNEN**

**Mit Quellen lernen**

- Finde zu Ereignissen von früher Fotos oder andere Quellen. So merkst du dir die Inhalte besser.

# Was uns wichtig ist

1 Wähle Aufgaben aus. Forsche nach.

## 1 Befragung

Befrage deine Eltern:
Was war euch wichtig, als ihr noch zur Schule gegangen seid?
Stelle eine Übersicht zusammen.

## 2 Das mag ich an dir

- Jedes Kind bekommt einen Zettel.
- Jeder schreibt seinen Namen auf den Zettel und faltet ihn zusammen.
- Der Name darf nicht mehr zu lesen sein.
- Alle Zettel kommen in eine Schüssel.
- Jedes Kind zieht einen Namenszettel.

Nun schreibt jeder einen Brief mit dem Thema „Das mag ich an dir" an das Kind, das auf dem Zettel steht.
Jedes Kind darf dann seinen Brief lesen. Wer mag, auch laut vor der Klasse.

## 3 Kinderwünsche weltweit

Die **dokumentarische** Filmreihe „199 kleine Helden" stellt in jeder Folge ein Kind aus einem anderen Land vor: sein Leben und seine Wünsche für die Zukunft.
Welche Wünsche haben die Kinder, die bei dem Filmprojekt mitmachen?
Sucht euch drei Kinder aus.
Stellt eine Liste mit ihren Wünschen zusammen.

Informiert euch unter:
www.199kleinehelden.org
Stichwort: Helden

(*Nicht ohne uns*, 2016)

Ekhlas aus Jordanien:
„Ich würde gerne Polizistin werden. Eine Polizistin kann die Welt zu einem besseren Ort machen."



Interviews zum Schulalltag früher führen und eigene Erfahrungen dazu in Beziehung setzen; ein Spiel zur Festigung von Beziehungen durchführen; Unterschiede von Kindsein weltweit (Spielen, Schule, Wünsche) begreifen

# Unsere Welt

**Wer kreist hier eigentlich um wen?**

Das Foto beschreiben; Zusammenhänge zwischen der Frage und der unteren Abbildung herstellen

# Unser Sonnensystem

Die Sonne ist eine sehr hell strahlende Gaskugel.
Sie ist der Mittelpunkt unseres Sonnensystems.
Acht Planeten kreisen um die Sonne.
Auch Zwergplaneten wie der Pluto
umkreisen sie.

| | | |
|---|---|---|
| 1 Merkur | 4 Mars | 7 Uranus |
| 2 Venus | 5 Jupiter | 8 Neptun |
| 3 Erde | 6 Saturn | 9 Pluto |

Die Erde umkreist die Sonne
mit einer enormen Geschwindigkeit.
Etwa 30 Kilometer in der Sekunde
fliegt sie auf ihrem Weg
durch die Weite des Weltalls.
Wir spüren das nicht.
Die Erde hat einen kleinen Begleiter,
der sie umkreist. Das ist der Mond.

**Warum heißt die Erde „Der blaue Planet"?**

Astronauten, die aus dem Weltraum
auf unsere Erde schauen, sehen einen
wunderbar blauen Himmelskörper.
Weil die Erdoberfläche mit viel mehr
Wasser als Land bedeckt ist,
erscheint sie den Astronauten
als blaue Kugel.

Wasser, Luft und Boden machen es möglich,
dass auf der Erde Menschen, Tiere und
Pflanzen leben können.

Unsere Erde ist reich an Schönheiten
und Wundern. Aber sie ist auch verletzlich
und sie braucht unseren Schutz.

**Was umgibt unsere Erde?**

Unsere Erde ist von einer Luftschicht
umhüllt. Diese gasförmige
Hülle schützt uns
vor der gefährlichen Strahlung
der Sonne und vor der Kälte
aus dem Weltall.
Die Hülle enthält auch den Sauerstoff,
den Menschen, Tiere und Pflanzen
zum Leben brauchen.



Die Lage unserer Erde im All erfassen;
unser Sonnensystem kennenlernen

1 Führt das Experiment zu den Mondphasen durch.

Jede Nacht sehen wir den Mond anders. Mal ist er eine leuchtende Scheibe, mal eine schmale Sichel und manchmal ist er nicht zu sehen. Dabei ist es gar nicht der Mond selbst, der leuchtet. Er wird von der Sonne angestrahlt. Weil sich der Mond um die Erde dreht und die Erde um die Sonne, sehen wir unterschiedliche Mondphasen.

EXPERIMENT

**Die Mondphasen**

Ihr braucht:

- eine hell strahlende Tischlampe in einem abgedunkeltem Raum
- einen Ball
- einen Drehstuhl

Geht so vor:

- Stellt die Lampe auf einen Tisch. Sie ist „die Sonne“.
- Ein Kind setzt sich gegenüber des Lichtstrahls auf einen Drehstuhl. Dieses Kind betrachtet von „der Erde“ aus den Mond.
- Ein zweites Kind hält nun den Ball in das Licht und wandert im Kreis um den Drehstuhl. Dieses Kind hält „den Mond“. Das Kind auf dem Drehstuhl dreht sich mit.

**Neumond**

Der Mond steht genau zwischen Sonne und Erde. Die Seite des Mondes, die wir von der Erde aus sehen, wird nicht beleuchtet. Daher können wir den Mond nicht am Himmel sehen.

**Zunehmender Mond**

Der Mond wandert um die Erde. Wir sehen einen immer größeren Teil des Mondes.

**Vollmond**

Die Sonne strahlt die ganze Vorderseite des Mondes an. Wir sehen eine volle Mondscheibe.

**Abnehmender Mond**

Der Mond wandert weiter um die Erde. Der Teil, den wir sehen können, wird immer kleiner.

# Die Atmosphäre der Erde

Die Atmosphäre grenzt die Erde vom Weltraum ab. Da der Übergang fließend ist, kann man nicht genau sagen, wo die Atmosphäre aufhört und wo der Weltraum beginnt. Diese Lufthülle besteht aus einem Gemisch aus verschiedenen Gasen. Wissenschaftler haben sie in verschiedene Schichten eingeteilt. Die unterste Schicht, in der wir Menschen wie in einem „Luftmeer" leben, ist etwa 10 km hoch.

**1** Betrachte das Schaubild. Beschreibe die Schichten der Atmosphäre von 1 bis 4.

**Die Schichten der Atmosphäre**

Den Begriff der „Atmosphäre" kennenlernen; mithilfe eines Schaubildes die Ausdehnung der Atmosphäre erfassen und Flugkörper verschiedenen Flughöhen zuordnen

## MITMACHEN UND NACHDENKEN

2 Wie heißt die Schicht der Atmosphäre, in der wir Menschen leben?

3 Warum müssen die meisten Bergsteiger Sauerstoff mitnehmen, wenn sie den höchsten Berg der Erde, den Mount Everest, besteigen wollen?

### 4 Die Thermosphäre

Das ist der Bereich, in dem sich Spaceshuttles und die internationale Raumstation ISS (Umlaufbahn in 350 km Höhe) aufhalten. Nach der Thermosphäre beginnt in 500 bis 10 000 km Höhe die Exosphäre: Die äußerste Schicht der Erdatmosphäre. Hier findet ein fließender Übergang ins Weltall statt.

### 3 Die Mesosphäre

In der Mesosphäre verglühen Teile aus dem Weltall, die ohne die „Atmosphärenbremse“ auf die Erde stürzen würden. In der Nacht sieht man das Verglühen des „Weltraumstaubs“ als Sternschnuppen. Die Temperatur sinkt hier wieder. Mit bis zu -100 °C ist die Mesosphäre die kälteste Schicht der Erdatmosphäre.

### 2 Die Stratosphäre mit Ozonschicht

In der Stratosphäre wird es nach oben hin nicht mehr kälter, sondern wärmer. Der Grund dafür: die Ozonschicht. Diese Schicht filtert die gefährliche **ultraviolette Strahlung (UV-Strahlung)** des Sonnenlichtes und wandelt sie in Wärme um. Die Filterfunktion ist für das Leben auf der Erde sehr wichtig. Denn würden die UV-Strahlen die Erdoberfläche erreichen, wären sie eine große Bedrohung. Wir könnten zum Beispiel nicht mehr nach draußen gehen, ohne einen Sonnenbrand zu bekommen.

### 1 Die Troposphäre

In der Troposphäre entsteht das Wetter. Daher wird sie auch Wetterschicht genannt. Mit zunehmender Höhe wird die Luft in der Troposphäre immer „dünner“ und kälter, pro 1000 m um etwa 6,5 °C. Der untere Teil enthält genug Sauerstoff.
Obwohl wir die Luft zum Überleben brauchen, verschmutzen wir sie täglich mit Abgasen und Schadstoffen.

### Die Atmosphäre der Erde ist wichtig!

- Sie schützt uns vor gefährlicher Strahlung aus dem Weltall.
- Sie schützt uns vor dem Einschlag von **Meteoriten**.
- Sie lässt genug Sonnenlicht hindurch, sodass Pflanzen, Tiere und Menschen leben können.
- Sie enthält im unteren Teil genug Sauerstoff zum Atmen.
- Sie hat großen Einfluss auf unser Wetter.

# Der Aufbau der Erde

1 Ist die Erde eine Steinkugel, die durch das Weltall fliegt?
Begründe deine Antwort mithilfe der Texte.

Die Erde hat ungefähr die Form einer Kugel.
Die Entfernung bis zum Erdmittelpunkt beträgt etwa 6 378 km.

**So ist die Erde aufgebaut:**

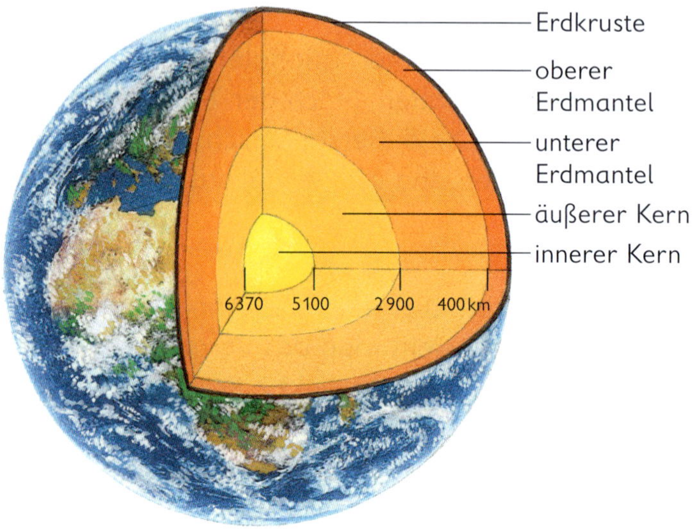


**INTERESSANT**

Die Erdkruste und ein Teil des Erdmantels sind ständig in Bewegung. Sie schwimmen auf dem flüssigen Teil des Erdmantels und verschieben sich ganz langsam. Manchmal stoßen Teile der Erde sogar zusammen oder reiben aneinander. Dann kann es zu Erdbeben und Vulkanausbrüchen kommen.

### Innerer Kern

Er ist fest und besteht vor allem aus Eisen.
Er ist vermutlich fast 6 000 °C heiß.

### Äußerer Kern

Er ist flüssig und etwa 5 000 °C heiß.

### Unterer und oberer Erdmantel

Sie sind flüssig. Die Temperaturen betragen 2 000 °C und mehr.
Der äußere Bereich des Erdmantels ist sehr zähflüssig bis fest.

### Erdkruste mit Boden

Die Erdkruste bildet mit den Meeren und Erdteilen die äußerste Schicht.
Sie ist nur etwa 35 km dick.
An ihrem äußersten Rand befindet sich der Boden, auf dem wir Menschen mit unseren Füßen stehen. Die Bodenschicht ist nur 50 bis 200 cm dick und wird auch die „Haut der Erde" genannt.
Boden besteht aus feinen Gesteinsteilchen, **Mineralien** sowie Luft und Wasser.
Außerdem enthält Boden auch abgestorbene Pflanzenteile, tote Tiere und Ausscheidungen der Bodenbewohner.



Den Aufbau der Erde (Schichten) analysieren;
Boden als äußersten Rand der Erde identifizieren

## Boden ist …

### Lebensraum

In einer Hand voll Boden gibt es mehr Lebewesen als Menschen auf der Erde: Maulwürfe, Regenwürmer, Asseln, Schnecken, Algen, Pilze und Bakterien.

### Wasserspeicher

Im Boden gibt es unzählige kleine Gänge, Hohlräume und Poren. Je nach Bodenart kann der Boden mehr oder weniger Wasser speichern. Tiefer im Boden sammelt sich das Wasser als „Grundwasser".

### Filter

Viele Schadstoffe, die aus der Luft und dem Wasser in den Boden gelangen, werden im Boden gefiltert. Einige werden sogar in unschädliche Stoffe verwandelt.

### Lebensgrundlage

Wir Menschen nutzen den Boden für den Anbau von Nutzpflanzen. Sie werden als Nahrungsmittel oder Viehfutter verwendet.

### Nährstofflieferant

Viele Pflanzen nehmen mit ihren Wurzeln Wasser auf. Darin sind Nährstoffe gelöst, die sie zum Leben brauchen.

### MITMACHEN UND NACHDENKEN

**2** Schreibe die Namen von Lebewesen auf, die im Boden leben. Nutze das Internet.

**3** Der Boden ist gefährdet. Überlegt, was die Gründe sein könnten. Schreibt sie auf.

Von den vielfältigen Funktionen des Bodens auf die Bedeutung des Bodens für das menschliche Leben schließen

AH S. 6/7

S. 2/3

# Ausprobieren und Verstehen

1 Wähle Aufgaben aus. Forsche nach.

## 1 Ein Modell des Aufbaus der Erde

Schneide einen Pfirsich auf.

Versuche, den Aufbau der Erde am „Pfirsichmodell" zu erklären.

## 2 Zusammensetzung der Luft

In der Luft befinden sich unsichtbare Gase, zum Beispiel Stickstoff und Sauerstoff. Sauerstoff brauchen wir zum Atmen.

Arbeitet in Gruppen. Gießt nacheinander in ein hohes Glas:

- 78 Esslöffel Sirup,
- 21 Esslöffel Wasser,
- 1 Esslöffel Speiseöl.

Was veranschaulichen die Flüssigkeiten?

## 3 Boden als Wasserspeicher

Vermute:

- Durch welchen Boden – Gartenerde, Kieselsteine, Sand – wird das Wasser am schnellsten fließen?
- Worin wird am meisten Wasser gespeichert?

Du brauchst:

- 3 kleine Blumentöpfe mit Loch
- 3 große Trinkgläser
- 1 Teesieb
- 1 Messbecher
- 3 Teller jeweils mit Gartenerde, kleinen Kieselsteinen, Sand
- Wasser

Gehe so vor:

- Fülle jeden Blumentopf jeweils zur Hälfte mit Gartenerde, Kieselsteinen, Sand.
- Stelle die Töpfe mit Gartenerde und Kieselsteinen jeweils auf ein Trinkglas.
- Lege beim Topf mit Sand ein Teesieb zwischen Topf und Glas, damit der Sand nicht herausrieselt.
- Gieße in jeden Topf gleich viel Wasser.
- Beobachte.

Pfirsich als „Erdmodell" erklären: Fruchtschale (Erdkruste), Fruchtfleisch (Erdmantel), Steinkern (äußerer Kern) mit Samen (innerer Kern); Bestandteile der Luft veranschaulichen; Bodenproben untersuchen

# Wetter beeinflusst unser Leben

Was fällt dir zum Wort „Wetter“ ein?

Das Foto beschreiben; Zusammenhänge zwischen der Frage und der unteren Abbildung herstellen

# Das Wetter vorhersagen

Das Wetter auf der Erde wird vor allem von der Sonne, der Luft und dem Wasser beeinflusst. Wetterkarten liest du mithilfe von Wetterzeichen.

## Das Wetter mit Wetterzeichen lesen

**1** Wie wird das Wetter heute und in den nächsten Tagen? Betrachte die Wetter-**App** und erkläre.

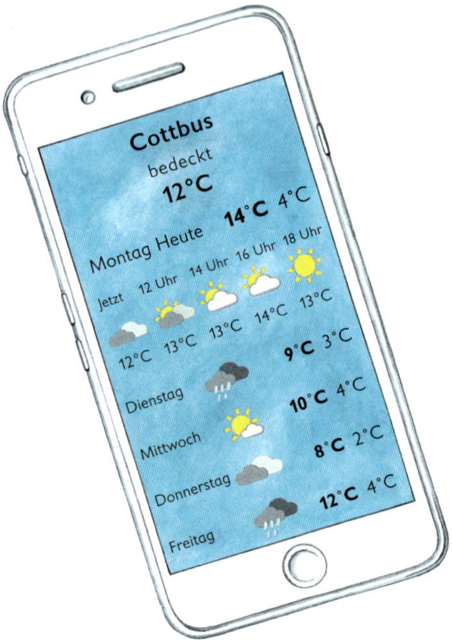


| Wetterzeichen für die Bewölkung | | |
|---|---|---|
| **Tag** | **Nacht** | **Bedeutung** |
| wolkenlos | | Der Himmel ist blau oder sternenklar. |
| heiter | | Nur wenige Wolken sind zu sehen. |
| wolkig | | Wolken und klarer Himmel sind etwa gleich verteilt. |
| stark bewölkt | | Wolken bedecken fast den ganzen Himmel. |
| bedeckt | | Wolken bedecken den Himmel vollständig. |

| Wetterzeichen für Niederschläge | | Wetterzeichen für Wettererscheinungen | | |
|---|---|---|---|---|
| Regen | Schnee | Gewitter | Gewitter mit Hagel | Nebel |
| Viele winzige Wassertropfen und Eiskörner bewegen sich in den Wolken hin und her. Sie stoßen zusammen und bilden große Tropfen oder Eiskristalle. Sind sie zu schwer, fallen sie aus der Wolke. Bei Lufttemperaturen über 0 °C fällt Regen. Bei Temperaturen unter 0 °C fällt Schnee. Schneeflocken bestehen aus Eiskristallen. | | Eine Gewitterwolke türmt sich rasch auf. In ihr wehen starke Winde auf und ab. Diese bewegen die Wassertropfen hin und her. Hoch oben in der Wolke gefrieren die Wassertropfen zu Eiskörnern. Können sie nicht mehr gehalten werden, fallen sie als dicke Regentropfen, Graupel oder sogar Hagelkörner auf die Erde. Hagelkörner können so groß wie Murmeln, Taubeneier oder sogar Tennisbälle werden. Es blitzt und donnert. | | Nebel ist eine Wolke in der Nähe des Bodens. Sie besteht aus vielen feinen Wassertröpfchen, die einen dichten Schleier bilden. |


Wetterzeichen kennenlernen; Wetterinformationen aus einer Wetter-App entnehmen

Du kannst die Wettervorhersage für deinen Ort auch aus Zeitungen, dem Radio, dem Fernsehen oder dem Internet erfahren.

Wissenschaftler, die das Wetter erforschen, heißen Meteorologen. Sie nutzen zum Beobachten und Auswerten moderne Technik.

**Satelliten** senden aus dem Weltraum Bilder, die die Wolkenbewegungen überall auf der Erde zeigen.

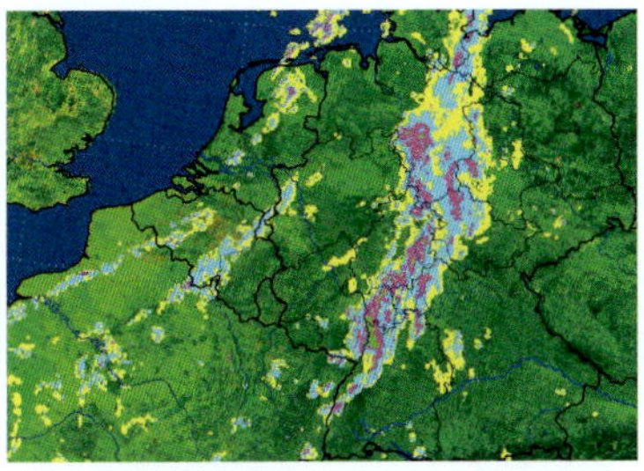

**Radarbilder** zeigen an, wo Niederschläge fallen. Die verschiedenen Farben kennzeichnen, wie viel Niederschlag fällt.

Weltweit wird an vielen **Wetterstationen** das aktuelle Wetter beobachtet und gemessen.

Aus allen Informationen ermitteln Computer, wie sich das Wetter entwickeln wird. Auch die App-Anbieter bekommen ihre Wetterinformationen von den gleichen Wetterdiensten.

## MITMACHEN UND NACHDENKEN

**2** Vergleiche Wetterinformationen aus verschiedenen Medien. Welche Gemeinsamkeiten und Unterschiede entdeckst du?

**3** Welche Menschen sind in ihren Berufen auf Wettervorhersagen angewiesen?

# Wie Wind entsteht

**1** Lies den Text und zeichne: Wie entsteht Wind?

Wo die Sonne scheint, erwärmt sich zuerst die Erde und dann die Luft, die sich darüber befindet. Die erwärmte Luft steigt nach oben. Weiter entfernt ist es bewölkt. Die Erde kann sich dort nicht so gut erwärmen. Die Luft bleibt kalt und sinkt nach unten ab. Am Boden strömt die kalte Luft dorthin, wo die warme Luft aufgestiegen ist. Diesen Luftstrom nennt man Wind. Luft kann in alle Richtungen strömen.

**LEICHTER LERNEN**

**Zu Texten zeichnen**

- Lies den Text.
- Zeichne eine Skizze. Sie hilft dir, den Text besser zu verstehen.

## Windstärken messen

Der englische Seefahrer Francis Beaufort legte im Jahr 1806 eine Windskala an. Sie misst die Windstärke in 12 Stufen.
Auf den Bildern siehst du die Stufen 0, 3, 4, 6 und 9.
Heute werden Windstärke und Windrichtung in Wetterberichten durch Bilder, Zeichen und Beschreibungen angegeben.

| **0** windstill | **3** schwacher Wind | **4** mäßiger Wind | **6** starker Wind | **9** Sturm |
|---|---|---|---|---|
| Rauch steigt steil auf, Blätter bewegen sich nicht. | Blätter und dünne Zweige bewegen sich leicht. | Blätter und Äste bewegen sich, Staub fliegt hoch. | Bäume bewegen sich, Blätter, Dinge fliegen hoch. | Äste brechen, Ziegel fallen von den Dächern. |

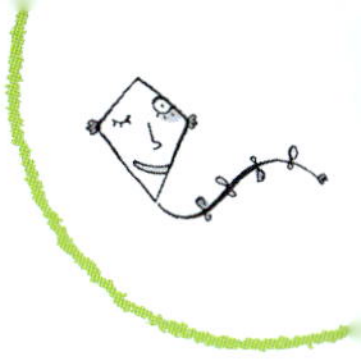

## Sonnenstand und Lufttemperatur

Im Sommer steht die Sonne ganz hoch am Himmel und scheint sehr lange. Im Herbst sind die Tage viel kürzer und die Sonne steht nicht mehr so hoch am Himmel. Deshalb wird es immer kühler.

## Lufttemperatur messen

In Deutschland werden **Lufttemperaturen** täglich in fast 2 600 Wetterstationen gemessen.
Die Messergebnisse werden in Tabellen notiert und in Diagrammen dargestellt.
Nun kann man genau vergleichen:
Welche Temperatur wurde zu welcher Zeit und an welchem Ort gemessen?

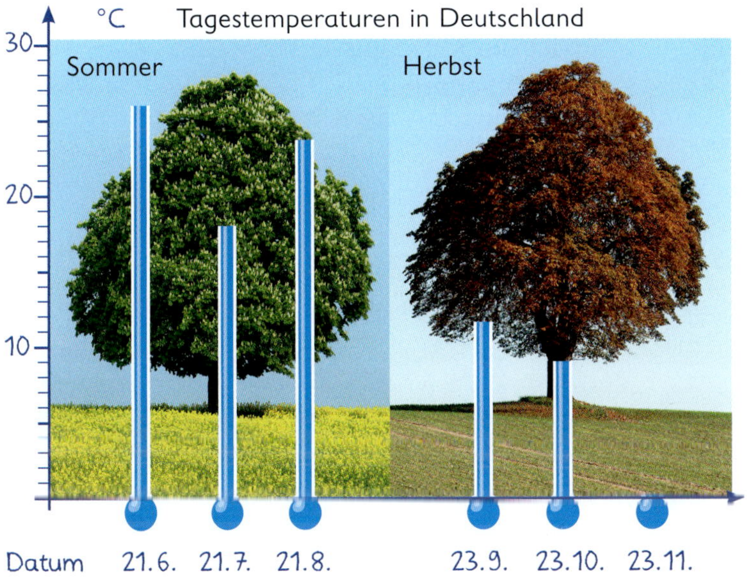

**MITMACHEN UND NACHDENKEN**

**2** Beschreibe das Diagramm.
- Was zeigt es?
- Vergleiche die Temperaturen im Sommer und im Herbst. Begründe die Unterschiede.

**3** Messt eine Woche lang immer zur gleichen Zeit die Temperatur draußen. Notiert die Ergebnisse. Was stellt ihr fest?

**INTERESSANT**

Der Schwede Anders Celsius konstruierte 1742 ein Thermometer mit einer Gradeinteilung.
Diese ist nach ihm benannt: „Grad Celsius".
Das Zeichen dafür ist °C.
Man nennt:
- den Punkt, an dem Wasser zu Eis wird, 0 Grad Celsius;
- den Punkt, an dem Wasser siedet (kocht), 100 Grad Celsius.

Je nach Temperatur steigt oder sinkt die Flüssigkeit im Glasrohr und zeigt die Temperatur an.

## Wie Niederschläge entstehen – der Kreislauf des Wassers

**1** Beschreibe die Wege des Wassers auf unserer Erde.

**LEICHTER LERNEN**

**Kopfzeichnen**

Zeichne ein kompliziertes Schema einfach auf, lerne es auswendig und zeichne es dann im Kopf nach.



Den Kreislauf des Wassers in Zusammenhang mit der Entstehung von Niederschlägen setzen; Grundwasser thematisieren

Der Wind treibt die Wolken
über den Himmel.

Unzählige winzige Wassertröpfchen
oder Eisteilchen bilden Wolken.

In der Höhe kühlt diese Luft wieder ab.
Dabei kondensiert Wasserdampf.
Es bilden sich winzige Wassertropfen.
Bei großer Kälte entstehen Eisteilchen.

des Wassers auf, unter und über der Erde.

diesen Wasserkreislauf an.

Diese Luft erwärmt sich
und steigt auf.

Der unsichtbare Wasserdampf
befindet sich in der Luft.

Auf der Erde wechselt Wasser ständig
vom flüssigen in den gasförmigen Zustand.
Es verdunstet:

**MITMACHEN UND NACHDENKEN**

**2** Zum Wasserkreislauf hat James Krüss das Gedicht „Das Wasser“ geschrieben.
Findet es im Internet und malt ein Bild dazu.

# Wetter extrem

1 Wähle Aufgaben aus. Forsche nach.

## 1 Gefährliches Wetter

Extrem nennen wir Wetterereignisse, die vom üblichen Wetter abweichen.

**Wetter extrem**
- schwere Gewitter
- starke Kälte
- Hitzewellen
- starke Regenfälle
- Blitzhochwasser
- Schnee-, Sand- und Wirbelstürme
- Schneestürme (Blizzards), Blitzeis

Informiere dich über extremes Wetter und seine Folgen in Brandenburg.

## 2 Hagel

In Brandenburg gab es schon oft schwere Hagelunwetter. 5–7 cm große Hagelkörner können Felder, Gärten und Dächer zerstören, die Obsternte vernichten und tausende Autos beschädigen.

Wie groß können Hagelkörner werden?

## 3 Tornado

Ein Tornado wütet über dem Brandenburger Land. Zäune knicken um, Gartenmöbel wirbeln durcheinander, Bäume stürzen um.

Forsche nach: Wie entsteht ein Tornado?

## 4 Wirbelstürme

Wirbelstürme entstehen über dem Meer.

**Wirbelstürme heißen unterschiedlich**

Atlantischer Ozean: Hurrikan
Indischer Ozean: Zyklon
Pazifischer Ozean: Taifun

Informiert euch, wie Wirbelstürme entstehen. Erforscht auch, welche Schäden sie anrichten.



S. 2/3

# Wasser auf der Erde

## Wo kommt Wasser in der Natur vor?

Das Foto beschreiben; Zusammenhänge zwischen der Frage und der unteren Abbildung herstellen

# Wo Wasser vorkommt

**1** Lest die Texte. Erzählt zu den Abbildungen.

**Salzwasser**

Der größte Teil der Erde ist mit Wasser bedeckt. Darum wird die Erde als „blauer Planet“ bezeichnet. Das meiste Wasser befindet sich in den Weltmeeren, auch Ozeane genannt. Es gibt fünf Ozeane:

- der Arktische Ozean,
- der Atlantische Ozean,
- der Indische Ozean,
- der Pazifische Ozean und
- der Antarktische Ozean.

Meerwasser ist salzig und kann deshalb nicht als Trinkwasser verwendet werden. Auch wenn wir das Wasser nicht trinken können, so nutzen wir Menschen die Meere. Zum Beispiel fördern wir mit **Bohrinseln** Rohstoffe wie Erdöl und Erdgas aus dem Meeresboden. Meere sind wichtige Verkehrswege und Fische aus dem Meer dienen uns als Nahrungsquelle. Wir verbringen auch gerne unseren Urlaub am Meer.

Vorkommen von Wasser besprechen: Meere und Ozeane; Nutzung von Gewässern durch den Menschen und seine Verantwortung thematisieren

## Süßwasser

Nur ein sehr kleiner Teil des Wassers auf der Erde ist Süßwasser, in dem sich kein oder nur wenig Salz befindet. Der größte Teil des Süßwassers ist gefroren, zum Beispiel Eis und Schnee der Gletscher am Nord- und Südpol und in den Hochgebirgen, wie den Alpen.

Der Gletscher „Jakobshavn" in Grönland

Gewässer mit Süßwasser unterscheiden sich in fließende und stehende Gewässer. Sie werden auch Fließ- oder Stillgewässer genannt.

### Fließgewässer

(Rinnsal, Bach, Fluss, Strom Kanal)

Das Wasser in einem Fließgewässer ist in Bewegung. Es entspringt in einer Quelle und endet in einem größeren Gewässer, einem See oder im Meer.

### Stillgewässer

(Tümpel, Weiher, See, Teich, Stausee)

Die Stillgewässer haben keine größere Strömung. Auch wenn ein Fluss in sie mündet, entwickelt sich keine Strömung.

**INTERESSANT**

### Süß- und Salzwasser auf der Erde in Bildern

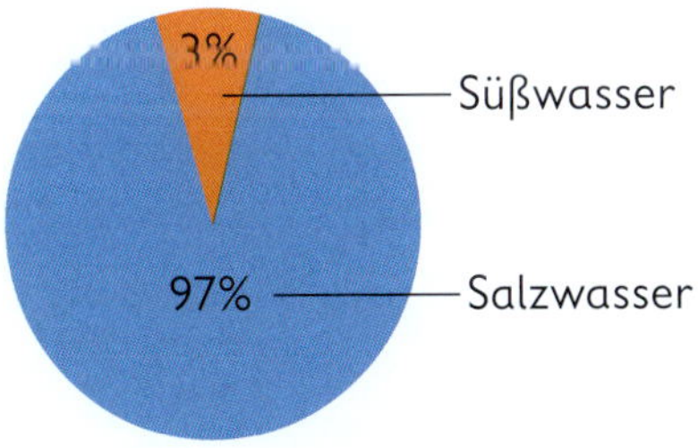



## MITMACHEN UND NACHDENKEN

**2** Warst du schon am Meer? Erzähle von deinen Erlebnissen.

**3** Welche Gewässer gibt es in eurer näheren Umgebung? Berichtet.

## Lebensraum Meer

Das Meer ist ein riesiger Lebensraum mit Millionen unterschiedlicher Lebewesen. Die Ozeane werden in unterschiedlich tiefe Zonen eingeteilt. Vom sonnendurchfluteten Flachwasser bis hinunter zur kalten und dunklen Tiefsee: In jeder Zone leben erstaunliche Meeresbewohner.

1 Benenne die wichtigsten Merkmale der Tiefenzonen der Ozeane.

**Das Flachwasser (bis 200 m Tiefe)**
ist die sonnendurchflutete Zone. Hier leben viele Pflanzen und Tiere: Korallenriffe, farbenfrohe Fische und **Meeressäuger**, wie Delphine. Auch das pflanzliche Plankton – winzig kleine Algen – kommt hier vor. Sie sind die Grundlage der **Nahrungskette** im Meer. Die Pflanzen nutzen in dieser Zone das Sonnenlicht zum Leben.

**Das Dämmerlicht (200 bis 1000 m Tiefe)**
liegt zwischen der hellen und der dunklen Tiefenzone. Auch wenn noch ein wenig Licht hineindringt, gibt es keinen Pflanzenwuchs mehr. Hier leben aber viele Tiere, wie zum Beispiel der Blauwal – das größte und schwerste bekannte Tier, das je auf der Erde gelebt hat.

**Die Tiefsee (ab 1000 m Tiefe)**
ist der größte Lebensraum unseres Planeten und kaum erforscht. Es wird vermutet, dass hier mehr als 10 Millionen Tierarten leben (zum Vergleich: An Land leben 1,5 Millionen.). Die durchschnittliche Tiefe der Ozeane beträgt 3 800 m. Es gibt aber auch über 10 000 m tiefe Punkte. Das einzige Licht wird von den hier lebenden Lebewesen erzeugt. Viele haben Leuchtorgane an ihren Körpern.

1 Clownfisch
2 Mantarochen
3 Großer Tümmler
4 Pfauenkaiserfisch
5 Fächerfisch
6 Papageifisch
7 Fliegender Fisch
8 Kupferstreifen-Pinzettfisch
9 Meeresschildkröte
10 Weißer Hai
11 Pilotfisch
12 Blauwal
13 Riemenfisch
14 Tiefseeanglerfisch
15 Viperfisch
16 Pottwal
17 Riesenkalmar
18 Tiefseebeilfisch
19 Dumbo-Krake
20 Albatros

## MITMACHEN UND NACHDENKEN

**2** Suche dir eine Zone aus. Schreibe auf, welche Tiere dort leben.

**3** Gestaltet ein Lapbook über das Leben im Ozean.

# Am See entdeckt

1 Beobachte Tiere und Pflanzen an und auf einem Gewässer.

1 Weiden brauchen zum Leben viel Wasser. Ihre Wurzeln wachsen schnell und sind dicht verzweigt. So finden die Bäume Halt im Boden und befestigen zugleich das Ufer. Weiden blühen im April/ Mai.

2 Das Schilfrohr wächst im flachen Wasser. Mit seinen dicken Wurzelstöcken ist es fest im Boden verankert und treibt bis zu 4 m hohe Stängel empor. Im Röhricht nisten viele Vögel, wie zum Beispiel der Rohrsänger 3.

4 Der Hecht ist ein Raubfisch. Zwischen den Pflanzen im Uferbereich lauert er auf Beute: Fische, Frösche, Küken von Schwimmvögeln und Wasserratten.



Wasser als Lebensraum kennenlernen: Pflanzen und Tiere an und im See als Lebensgemeinschaft erfassen und beschreiben

LEICHTER LERNEN

**Zusammenhänge finden**

- Zeichne zwei ineinander verschlungene Kreise.

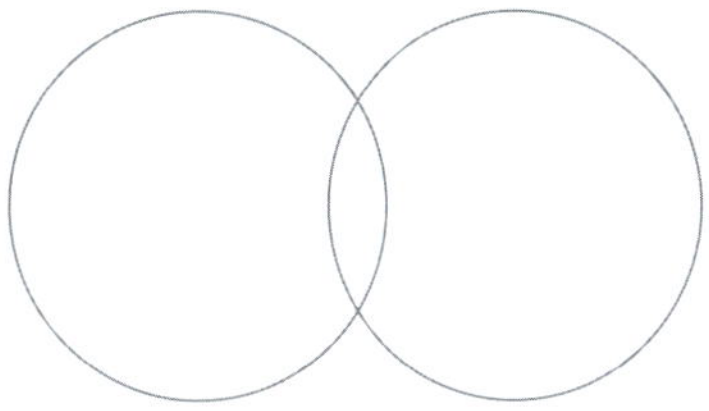

- Schreibe in Kreis 1 den Namen einer Pflanze oder eines Tieres aus der Abbildung.
- Überlege: Warum lebt diese Pflanze oder dieses Tier an einer bestimmten Stelle am oder im Wasser?
- Notiere dazu in Kreis 2 Stichpunkte.

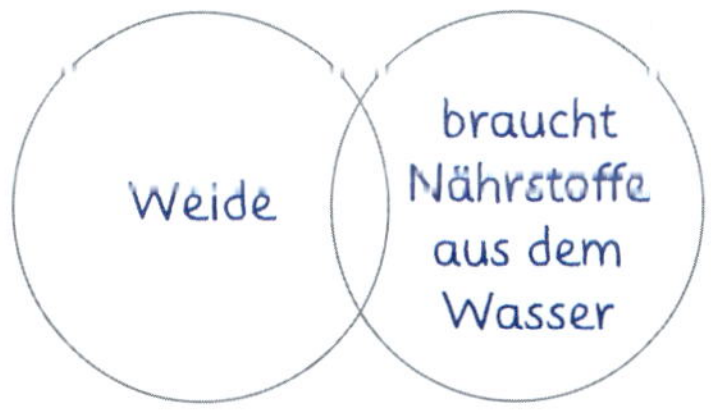


5 Die Weiße Seerose hat an langen Stielen Blätter, die auf dem Wasser schwimmen. Ein dicker Wurzelstock verankert die Pflanze im Gewässerboden.

6 Die Wasserpest wächst vollständig unter der Wasseroberfläche. Ihre Stängel sind sehr verzweigt und können bis zu 3 m lang werden.

7 Die Rotfeder ist ein Friedfisch. Das bedeutet, er jagt keine anderen Fische. Er ernährt sich vor allem von Wasserpflanzen, aber auch von Insekten.

# Gewässer – Nutzen und Gefahren

1 Beschreibe die Bilder.

## Wasser verändert Landschaften

Wasser kann sich in eine Landschaft eingraben.

Wasser kann das Aussehen einer **Küste** verändern.

Wasser transportiert Geröll, Kies und Sand.

Hochwasser kann weite Landstriche überfluten und Zerstörung anrichten.

## Menschen verändern Gewässer

Sie entwässern Feuchtgebiete und Moore.

Sie begradigen Flüsse, vertiefen und stauen sie.

Sie bauen Dämme und Deiche.

Sie bauen **Talsperren**.



Wirkungsweise von Wasser begreifen: Wasser verändert Landschaften (z. B. Küste, Flusslauf, Hochwasser, Verwitterung); die unterschiedliche Nutzung von Gewässern durch den Menschen verstehen

## Flüsse verändern ihr Gesicht

Ein natürlich fließender Fluss

Ein begradigter Fluss

Natürliche Bäche und Flüsse fließen nicht gleichmäßig oder in einer geraden Richtung. Oft schlängeln sie sich durch ein Gebiet, verzweigen sich und bilden Sandbänke.

Häufig haben Menschen Flüsse verändert oder verändern sie noch heute:
Mit Wehren (Staumauern) wird das Wasser gestaut, Flussufer werden begradigt und an Flussschleifen wird Wasser mit Dämmen abgeriegelt. So will man neue Flächen für die Landwirtschaft, den Straßenbau oder für Gebäude gewinnen, aber auch die Schifffahrt ermöglichen. Durch diese Eingriffe in die Flussläufe geht jedoch der Lebensraum für Pflanzen und Tiere verloren.
Deshalb werden heute viele Gewässer renaturiert. Das bedeutet:
Es wird versucht, das ursprüngliche Flussbett wiederherzustellen und naturnahe Lebensräume zu schaffen.

**INTERESSANT**

Jahrhundertelang bauten die Menschen die Havel für die Schifffahrt aus.
Sie errichteten Schleusen und befestigten die Ufer mit dicken Steinen.
Seit 2005 wird der untere Teil der Havel renaturiert. Zum Beispiel werden Uferbefestigungen entfernt und alte Flussarme geöffnet. Dabei entsteht eines der größten Feuchtgebiete in Mitteleuropa. Es soll bessere Lebensbedingungen für über 1000 bedrohte Pflanzen- und Tierarten schaffen.

Flussufer mit Biberburg

### MITMACHEN UND NACHDENKEN

**2** Menschen versuchen, das Wasser zu lenken. Auf Seite 34 siehst du vier Beispiele. Warum werden diese Maßnahmen getroffen? Informiere dich.

**3** Gibt es bei euch einen Bach oder Fluss? Informiert euch oder schaut vor Ort nach: Fließt er natürlich? Wurde er begradigt oder renaturiert?

# Leben im und am Wasser

**1** Wähle Aufgaben aus. Forsche nach.

## 1 Bau einer Unterwasserlupe

Du brauchst:

- Joghurtbecher
- Klarsichtfolie
- Gummiband
- Schere

Gehe so vor:

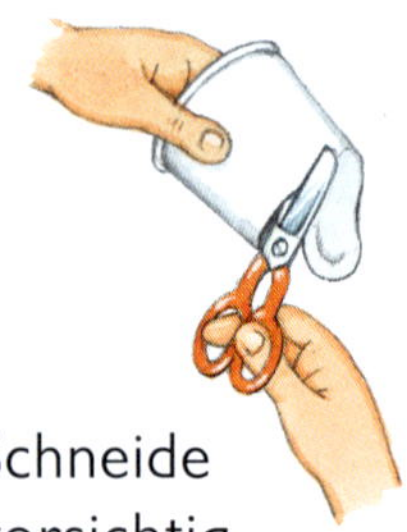

Schneide vorsichtig den Boden des Bechers mit der Schere ab.

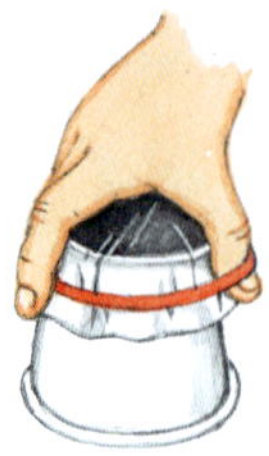

Spanne über eine Öffnung die Klarsichtfolie. Befestige sie mit einem Gummiband.

Wenn du die Seite mit der Folie ins Wasser hältst, siehst du durch die Wölbung alles im Wasser viel größer.

## 2 Ein Ozean-Diorama basteln

- Nimm einen Schuhkarton und stelle ihn seitlich im Deckel auf.
- Male den Karton in der passenden Farbe aus, z. B. die Rückwand blau wie der Ozean.
- Überlege dir, was im Ozean „schwimmen“ soll: Male oder bastle aus Karton Tiere und Pflanzen, bringe deine eigenen Fundstücke vom Meer mit, wie z. B. Sand, Steine und Muscheln.

## 3 Wasserpflanze im Glas

- Fülle in ein großes Glas etwas Aquariensand und kleine Kieselsteine.
- Stecke einen Stängel „Wasserpest“ in den Boden. Das ist eine bekannte Pflanze für Aquarien.
- Fülle Wasser auf.
- Stelle das Glas ins Licht, aber nicht in die Sonne.
- Beobachte über mehrere Wochen.

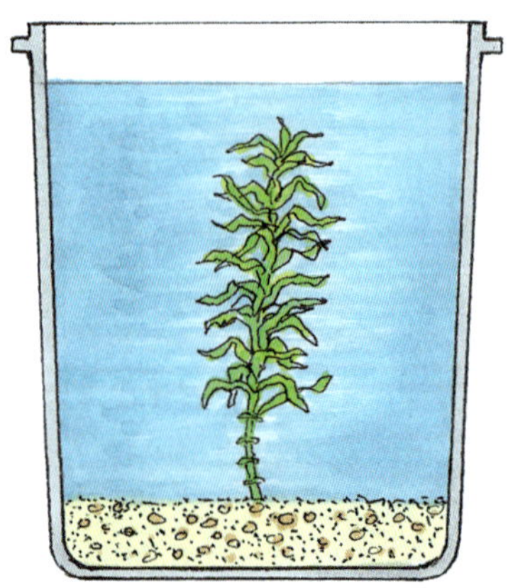



Zum Lebensraum Wasser forschen: eine Unterwasserlupe bauen, ein Ozean-Diorama basteln, eine Wasserpflanze beobachten

# Lebensräume auf der Erde

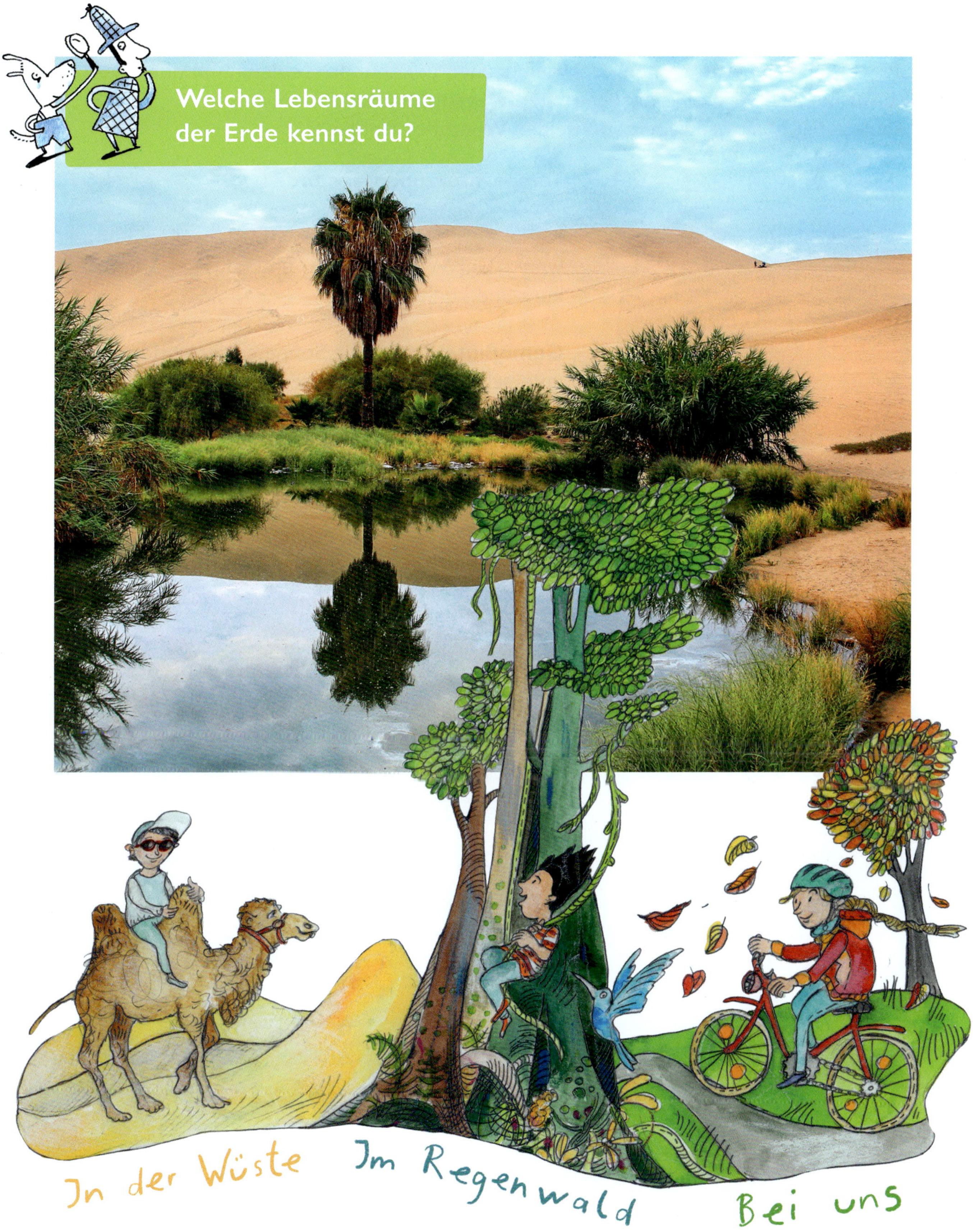

Welche Lebensräume der Erde kennst du?



Das Foto beschreiben; Zusammenhänge zwischen der Frage und der unteren Abbildung herstellen

# Lebensräume auf einen Blick

Die Sonne spendet uns und den Pflanzen und Tieren Wärme, die wir zum Leben brauchen. Die Strahlen der Sonne erwärmen die Erde nicht gleichmäßig.
Es gibt aber Gebiete (Zonen), in denen gleiche oder ähnliche Temperaturen herrschen. Sie werden Temperaturzonen oder Klimazonen genannt. In Gebieten mit ähnlichem **Klima** hat sich auch eine ähnliche Pflanzenwelt (Vegetation) entwickelt.
Gebiete mit ähnlicher Vegetation heißen Vegetationszonen.

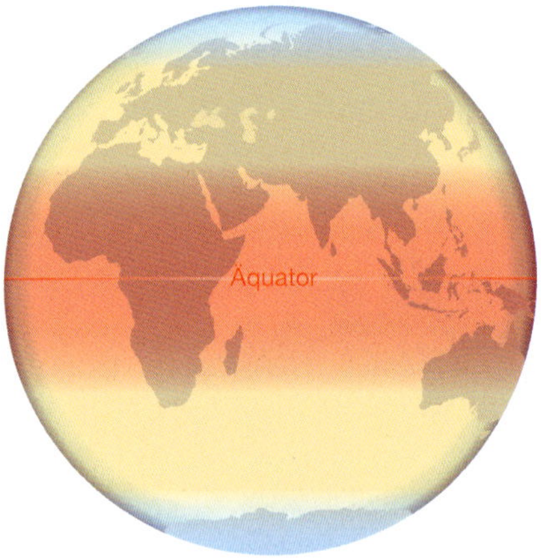


## Temperaturzonen der Erde

**Kalte Zone:** Die Sonne erwärmt das Gebiet nur wenig. Der Winter ist lang und kalt, der Sommer kurz und kühl.

**Gemäßigte Zone:** Die Sonne erwärmt das Gebiet unterschiedlich. So entstehen die Jahreszeiten.

**Heiße Zone:** Die Sonne erwärmt das Gebiet sehr stark. Es wird sehr warm. Hier gibt es keine Jahreszeiten.

1 Wie heißen die unterschiedlichen Vegetationszonen der Erde? Nutzt die Legende.

## Vegetationszonen der Erde

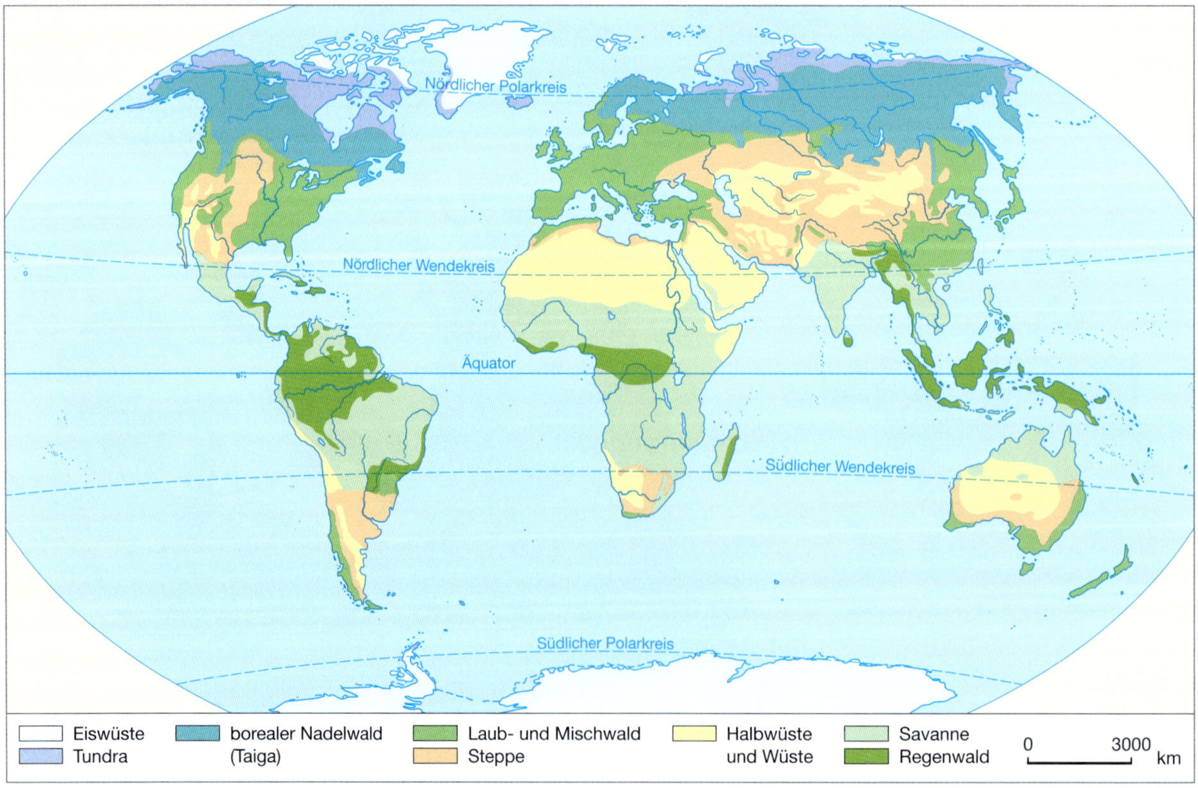




Globale Lebensräume und Temperaturzonen der Erde kennenlernen;
den Zusammenhang zwischen Klima und Vegetation in Ansätzen verstehen

**2** Sucht die beschriebenen Lebensräume auf der Karte auf Seite 38.

### Eiswüste

Eiswüsten sind die kältesten Gebiete der Erde. Sie werden Polargebiete genannt: die Arktis im Norden um den Nordpol herum und die Antarktis im Süden im Bereich des Südpols. Der Boden ist dauerhaft gefroren. Unter solchen Bedingungen können kaum Pflanzen wachsen.

Polarfuchs in der Arktis

Pinguine in der Antarktis

### Tundra

Tundren liegen in der kalten Temperaturzone. Sie sind durch ein sehr kaltes Klima, lange Winter und kurze, kühle Sommer gekennzeichnet. Der Boden der Tundra ist fast das ganze Jahr über gefroren und taut nur im kurzen Sommer etwas auf. Hier wachsen vor allem niedrige Sträucher und Moose. Bäume gibt es nicht.

Rentiere in der nördlichen Tundra

### Borealer Nadelwald (Taiga)

Die Taiga gibt es nur im Norden der Erde. Sie liegt in der kalten und auch in der gemäßigten Temperaturzone. Etwa acht Monate des Jahres ist es kalt. Schnee bedeckt den Boden lange Zeit. In den wenigen Sommermonaten kann es aber auch warm werden. Die großen Nadelwälder der Taiga sehen noch sehr ursprünglich aus. Es wachsen überwiegend Fichten, Kiefern, Tannen und Lärchen. Zahlreiche Tiere, wie Rehe, Elche, Braunbären, Wölfe und sogar der Sibirische Tiger – eine bedrohte Art –, leben in der Taiga.

Braunbär in der Taiga

### Laub- und Mischwald

Der sommergrüne Laub- und Mischwald ist die Vegetationszone, in der sich Deutschland befindet. Es gibt vier Jahreszeiten mit deutlichen Unterschieden in der Temperatur. Im Herbst werfen die Laubbäume ihre Blätter ab und es ist kühl. Die Sommer sind angenehm warm. Niederschläge sorgen dafür, dass es im ganzen Jahr recht feucht ist. In den Wäldern wachsen Buchen, Eichen, Fichten sowie Sträucher und Kräuter. Hirsche, Wildschweine, Füchse, Eichhörnchen und Wildkatzen haben hier ihr Zuhause.

Wildschweine

### Steppe

Steppen liegen in der gemäßigten und zum Teil in der heißen Temperaturzone. In den Steppen unterscheiden sich die Jahreszeiten deutlich. Im Winter ist es sehr kalt und im Sommer sehr warm und trocken. Oft liegen die Gebiete in großer Entfernung zu den Ozeanen. Wegen der Trockenheit fehlen Bäume. Es wachsen vor allem Gräser, Kräuter und Moose. Viele Getreidepflanzen stammen von hier. In bestimmten Gebieten leben Bisons, Gazellen, Antilopen oder auch Wildpferde.

Seltene Wildpferde (Przewalski-Pferde)

Hafer

### Halbwüste und Wüste

In den Wüsten gibt es so gut wie keine Jahreszeiten. Im Winter ist es nur ein wenig kälter als im sehr heißen Sommer. Die Temperaturunterschiede zwischen Tag und Nacht können jedoch sehr groß sein. Weil es in den Wüsten sehr trocken ist, wachsen hier kaum Pflanzen. Die Tierwelt hat sich der Hitze angepasst. Es gibt Sand-, Kies-, Fels- und Salzwüsten. Die Sahara in Afrika ist die größte Wüste der Erde.

Wüstenfuchs (Fennek)



Flora und Fauna: Erkennen, dass sich Tiere und Pflanzen ihren Lebensräumen anpassen; Texte den Vegetationszonen der Erde (S. 38) zuordnen

## Savanne

Savannen liegen meistens zwischen Regenwäldern und Wüsten in der heißen Temperaturzone. In der Nähe der Wüsten sind es Trockengebiete, zu den Regenwäldern hin gibt es mehr Wasser. Trockenzeiten und Regenzeiten wechseln sich ab. Savannen sind offene Landschaften mit Gräsern, Büschen, dornigen Sträuchern und einzelnen Bäumen. In Savannen leben viele große Tiere, wie Elefanten, Giraffen, Antilopen, Flusspferde und Löwen.

Giraffen fressen Blätter des Akazienbaumes

## Regenwald

Regenwälder liegen in der heißen Temperaturzone. Jahreszeiten gibt es hier nicht. Das ganze Jahr über ist es sehr warm. Es ist aber auch sehr feucht. Jeden Tag fällt Regen und die **Luftfeuchtigkeit** ist sehr hoch. In den Regenwäldern lebt mindestens die Hälfte aller Pflanzen- und Tierarten der Erde. Manche wurden noch gar nicht entdeckt. Da es auf dem Boden des Regenwaldes dunkel ist, haben Pflanzen verschiedene Wege gefunden zum Licht zu kommen: Kletterpflanzen nutzen andere Bäume als Stütze, umwinden Stämme und Äste oder halten sich mit Haftwurzeln an der Rinde fest. Zu ihnen gehören die Lianen, die über 300 Meter lang werden können. Aufsitzerpflanzen, zum Beispiel viele Orchideen, sitzen auf Stämmen, Ästen und Blättern der Bäume.

Weiblicher Berggorilla mit Nachwuchs

### MITMACHEN UND NACHDENKEN

**3** Vergleiche den Polarfuchs mit dem Wüstenfuchs. Beschreibe die Unterschiede.

**4** In welcher Temperaturzone liegen die Laub- und Mischwälder, in welcher die Wüsten?

# Im Regenwald

**Tropische** Regenwälder gibt es in Afrika, Südamerika und Asien. Sie sind die Heimat vieler Pflanzen und Tiere, die an die Bedingungen im Regenwald angepasst sind. Damit sie genug Licht und Nahrung bekommen, haben sie sich in verschiedenen Stockwerken des Regenwaldes eingerichtet.

**1** Beschreibe die Stockwerke des Regenwaldes mit eigenen Worten.

- A Baumriesen
- B Obere Baumschicht (Kronendach)
- C Untere Baumschicht
- D Strauchschicht
- E Boden- und Krautschicht

| | | | |
|---|---|---|---|
| 1 | Nasenbär | 7 | Brüllaffe |
| 2 | Jaguar | 8 | Baumfrosch |
| 3 | Schlange | 9 | Papagei |
| 4 | Kolibri | 10 | Tukan |
| 5 | Fledermaus | 11 | Faultier |
| 6 | Ozelot | 12 | Harpyie |

**Boden- und Krautschicht:**
Außer Pilzen und Moosen wachsen hier kleinere Pflanzen, die mit wenig Licht auskommen. Einige haben sehr große Blätter. Es wimmelt von Ameisen, Käfern und anderen **Insekten**. Jaguare und Nasenbären gehen hier auf Nahrungssuche.

**Strauchschicht:**
Hier wachsen Farne, Sträucher und junge Bäume. Dazwischen suchen Affen, **Nagetiere** und Schlangen nach Nahrung. Jaguare kommen auch gelegentlich hierher, sie sind gute Kletterer. Kolibris sammeln den Nektar der Blüten.

**Untere Baumschicht:**
Hier wachsen kleinere Bäume, wie der Kakaobaum. Seine Früchte werden von Fledermäusen gefressen.
Junge Bäume und Kletterpflanzen sind auf dem Weg zum Kronendach. Einige kleinere Raubkatzen, wie der Ozelot, suchen nach Beute.

Kakaobaum


Den globalen Lebensraum Regenwald kennenlernen;
die Stockwerke und Tiere des Regenwaldes benennen (Was für Tiere gibt es?)

**Obere Baumschicht (Kronendach):**
Hier bilden die Baumkronen eine fast geschlossene Decke. Es ist sehr heiß und es herrscht Leben in Hülle und Fülle: Klammeraffen, Brüllaffen, Baumfrösche, Papageien und Tukane sorgen für großen Lärm. Faultiere fressen Knospen und Blätter. Auf den Ästen der Bäume wachsen bunte Orchideen.

**Baumriesen (Übersteher):**
Baumriesen, wie der Mahagonibaum und der Paranussbaum, ragen aus dem Kronendach. Um nicht umzustürzen, entwickeln sie bis zu 10 Meter hohe **Brettwurzeln**. Dort oben ist es sehr heiß und trocken. Damit die Blätter dieser Urwaldriesen nicht zu viel Wasser verlieren, sind sie mit einer Wachsschicht überzogen. In den Baumspitzen sitzen Fledermäuse und Vögel, darunter die sehr große Harpyie.

**INTERESSANT**

- Auf einem einzigen Baum in **Amazonien** leben so viele verschiedene Ameisenarten, wie bei uns in ganz Deutschland.
- Bananen, Kakao, Kaffee, Vanille, Ingwer und viele andere Nutzpflanzen wachsen im Regenwald oder kommen ursprünglich von dort.
- Jedes vierte Medikament enthält Wirkstoffe aus Regenwaldpflanzen.

## MITMACHEN UND NACHDENKEN

**2** In den Texten und im Schaubild findest du die Namen vieler Pflanzen und Tiere. Schreibe sie in einer Tabelle auf.

**3** Stelle eine Pflanze oder ein Tier des Regenwaldes genauer vor.

# In unserem Wald

1 Welche Tiere leben in den Stockwerken des Waldes?

Stockwerke im Mischwald

A Baumschicht
B Strauchschicht
C Krautschicht
D Moosschicht
E Bodenschicht

1 Rotbuche
2 Kiefer
3 Eberesche
4 Gemeine Haselnuss
5 Holunder
6 Efeu
7 Wurmfarn
8 Wald-Sauerklee
9 Steinpilz
10 Waldmeister
11 Katharinenmoos
12 Gewöhnliches Sternmoos
13 Habicht
14 Tagpfauenauge
15 Waldameise
16 Springschwanz

**MITMACHEN UND NACHDENKEN**

2 Die Kiefer ist die häufigste Baumart in Brandenburg.
Beschreibe das Aussehen einer Kiefer.

3 Wähle ein Tier des Waldes aus.
Halte zu diesem Tier einen Kurzvortrag.

Stockwerke, Pflanzen und Tiere unseres Waldes benennen können;
Naturbeobachtungen durchführen

S. 6/7

**INTERESSANT**

In deutschen Wäldern gibt es über 70 verschiedene Baumarten. Die häufigsten Baumarten sind Fichte, Kiefer, Buche und Eiche. Wälder sind die Heimat tausender unterschiedlicher Tierarten, die meisten davon gehören zu den Insekten.
Um den Lebensraum zu nutzen und zu erhalten, wird in Deutschland großer Wert auf den Schutz der Wälder gelegt. Fast die Hälfte der Bäume unserer Wälder wachsen in Schutzgebieten.

## Genauer hingeschaut

1 Wähle Aufgaben aus. Forsche nach.

### 1 Der Regenwald wird zerstört

Alle zwei Minuten geht so viel Regenwald wie 35 Fußballfelder verloren.

- Warum wird so viel Regenwald zerstört?
- Was kann dagegen unternommen werden?
- Informiere dich unter: www.abenteuer-regenwald.de/bedrohungen

Fertige ein Plakat dazu an.

### 2 „Überlebenskünstler" in der Wüste

Finde heraus, wie Kamele an das Leben in Trockengebieten angepasst sind.
Lies nach unter:
www.fragFINN.de
Stichwörter: Kamel, Wasser

### 3 „Überlebenskünstler" in der Eiswüste

Finde heraus, wie Eisbären an das Leben in der Eiswüste angepasst sind.
Lies nach unter:
www.fragFINN.de
Stichwort: Eisbär

### 4 Young Panda Club

WWF YOUNG PANDA

Der Young Panda Club ist ein Programm des WWF (Weltweiter Fonds für die Natur) für Kinder ab acht Jahren.

Informiere dich über Aktionen und wie man Mitglied werden kann.

# Wir verändern uns

## Was passiert in der Pubertät?

Das Foto beschreiben; Zusammenhänge zwischen der Frage und der unteren Abbildung herstellen

## Ein Gefühlswirrwarr

1 Betrachte die Mind-Map. Beschreibe die Situationen.
Kennst du auch solche Gefühle?

Gefühle wahr- und ernstnehmen;
Kennzeichen, Erfahrungen und Wünsche von Freundschaft und Zuneigung beschreiben

## MITMACHEN UND NACHDENKEN

2 Schreibe die Gefühlswörter aus der Mind-Map auf.

3 Welche Wörter verbindest du mit angenehmen Gefühlen, welche mit unangenehmen Gefühlen? Ordne zu.

## Pubertät – was ist das eigentlich?

**1** Schreibe unbekannte Wörter aus dem Text heraus.
Sucht gemeinsam im Glossar, in Büchern oder im Internet nach Erklärungen.

Pubertät ist die Zeit, in der sich ein Mädchen zur Frau und ein Junge zum Mann entwickeln. Du bist kein Kind mehr, aber auch noch kein Erwachsener. Das kann manchmal ganz schön schwierig sein. In dieser Zeit verändert sich dein Körper, außerdem ist im Kopf einiges los. Der Grund dafür sind **Hormone**. Sie verändern deinen Körper äußerlich. Manchmal spielen auch die Gefühle verrückt!
Spiele, die du vorher gerne gespielt hast, findest du jetzt einfach nur noch kindisch. Kleine Geschwister können nerven und manche Dinge sind plötzlich total peinlich. Deine **Intimsphäre** ist dir jetzt ganz wichtig. Wenn du das Gefühl hast, jemand tritt dir zu nahe oder bedrängt dich, sage laut und deutlich: „Ich möchte das nicht!“

Auch im Inneren deines Körpers verändert sich in der Pubertät sehr viel.
Die Geschlechtsorgane entwickeln sich. Mädchen und Jungen sind nun **geschlechtsreif**. Weil dein Körper sich nur langsam an die starken Veränderungen gewöhnt, dauert die Pubertät mehrere Jahre.

### Gefühle

S. 8/9

## Äußerlich und Innerlich

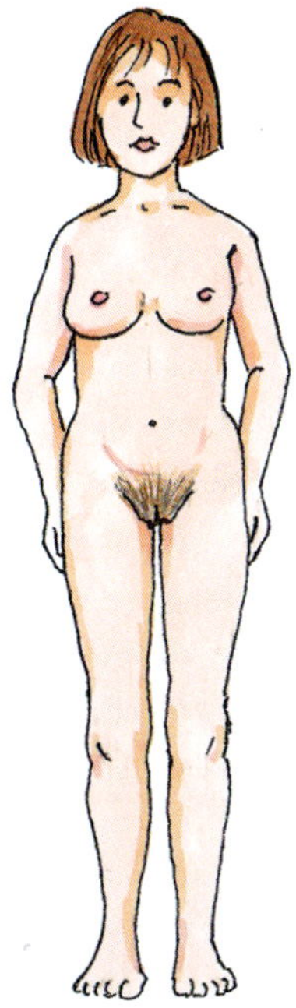

- Die Brüste wachsen.
- Haare wachsen unter den Achseln und an der Scheide.
- Der Körper wird weicher und runder.
- Das Becken wird breiter.

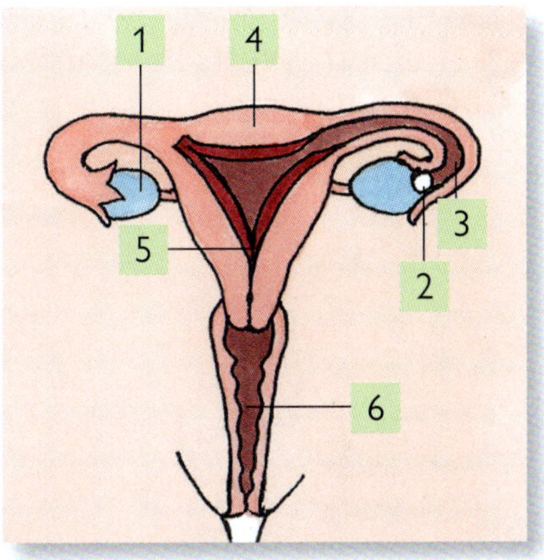


Bei Mädchen kann die Pubertät bereits mit 10 Jahren beginnen. Jeden Monat wird nun im Eierstock 1 eine Eizelle 2 reif. Sie wandert durch den Eileiter 3 in Richtung Gebärmutter 4.

Dort hat sich eine gut durchblutete Schleimhaut 5 gebildet, in der sich eine befruchtete Eizelle einnisten kann.
Wird die Eizelle nicht befruchtet, wird die Schleimhaut abgebaut. Dabei fließt Blut aus der Scheide 6. Diese Blutung dauert etwa vier bis fünf Tage. Man nennt sie auch Regel, Tage oder Menstruation.
Ab der ersten Regel können Mädchen schwanger werden.

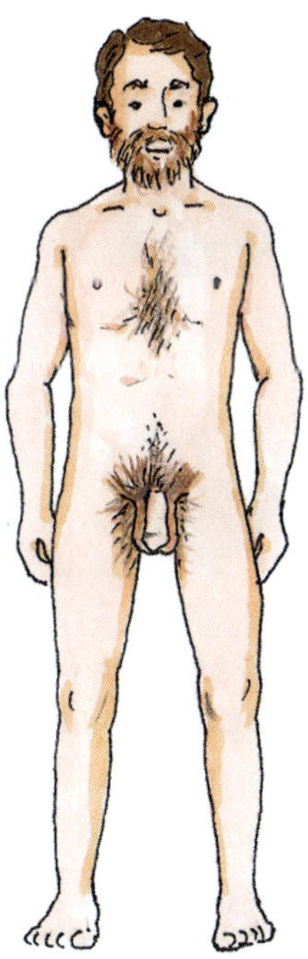

- Die Schultern werden breiter.
- Der Penis wächst.
- Der Kehlkopf wird größer, wodurch die Stimme tiefer wird (Stimmbruch).
- Haare wachsen am Kinn (Bart), unter den Achseln und am Penis.

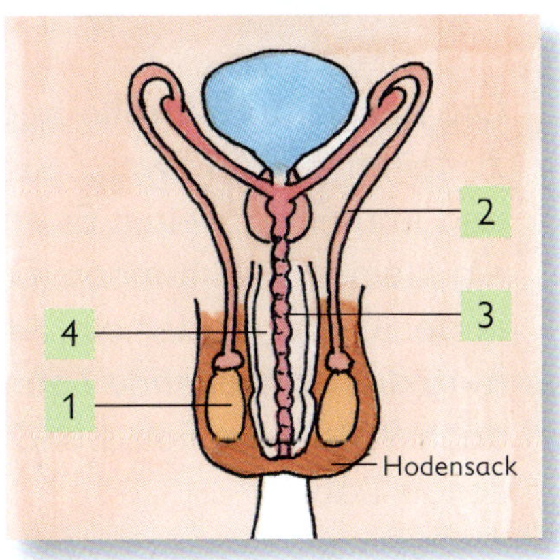


Bei Jungen beginnt die Pubertät meist etwas später als bei Mädchen. In den Hoden 1 bilden sich nun mehrere Millionen Samenzellen (Spermien). Über die Samenleiter 2 und die Harnröhre 3 fließen sie in den Penis 4. Der Penis wird dann häufig im Schlaf steif und hart und es kommt zu einem Samenerguss. Dabei fließt die weiße Samenflüssigkeit aus dem Penis heraus. Vom ersten Samenerguss an können Jungen Kinder zeugen.

**MITMACHEN UND NACHDENKEN**

**2** Erkläre, was sich bei Jungen und Mädchen in der Pubertät verändert.

## Wie ein Baby entsteht

**1** Lies den Text. Betrachte die Bilder. Wie entsteht ein neues Leben?

Ein Baby entsteht, wenn eine reife Eizelle der Frau mit einer Samenzelle des Mannes zusammentrifft.

**Aber wie kommt es dazu?**

Wenn Mann und Frau sich sehr gern haben, dann streicheln sie sich und sind zärtlich zueinander. Beide wollen ganz nah zusammen sein. Sie haben Sex. Beim Sex wird der Penis des Mannes steif und gleitet in die Scheide der Frau. Das ist für beide ein wunderbares Gefühl. Dabei fließen viele Samenzellen aus dem Penis in die Frau und machen sich wie bei einem Wettschwimmen auf den Weg zur Eizelle. Diese befindet sich im Eileiter.

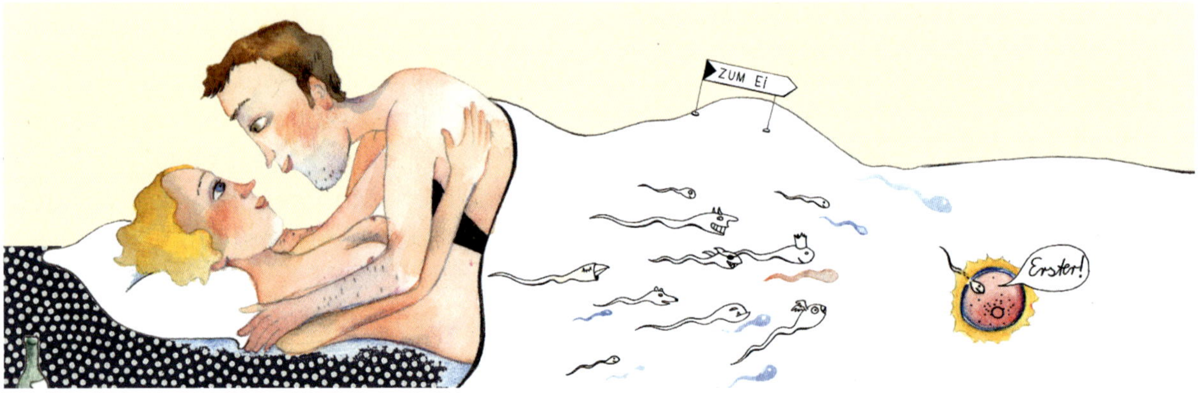


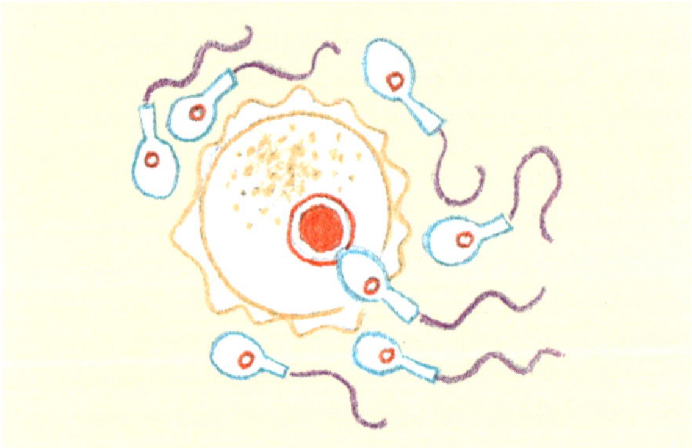

Eizelle und Samenzelle sind so klein, dass man sie nur unter dem **Mikroskop** sehen kann.

Nur eine einzige Samenzelle schlüpft in die Eizelle hinein und befruchtet das Ei. Sie verschmelzen, die Eizelle ist nun befruchtet.

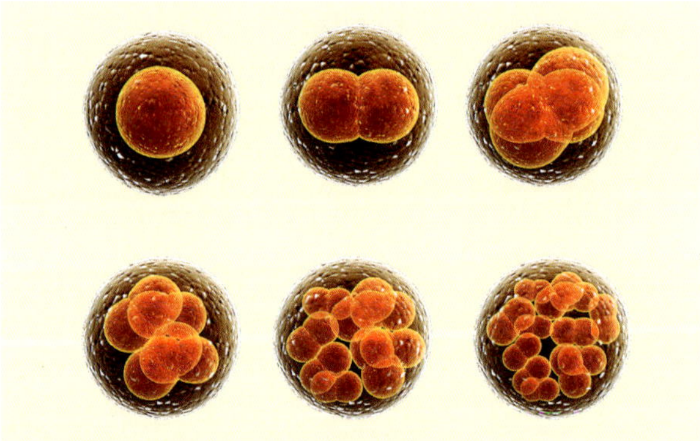

Die befruchtete Eizelle beginnt sich zu teilen. Erst in zwei Zellen, dann in vier und immer so weiter. Es entsteht ein kleiner Zellklumpen. Der nistet sich in der Gebärmutter ein. Anfangs nennt man das entstehende Lebewesen Embryo, nach 9 Wochen Fötus und später schon Baby.

Die Entstehung neuen Lebens thematisieren; Klassenwortschatz Körper und Sexualität erarbeiten

**2** Lies den Text. Betrachte die Bilder. Wie entwickelt sich ein neues Leben?

1. Monat

2. Monat

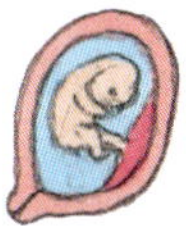

3. Monat

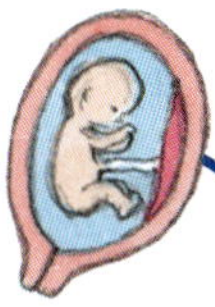

4. Monat

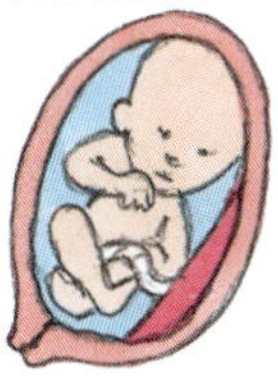

5. Monat

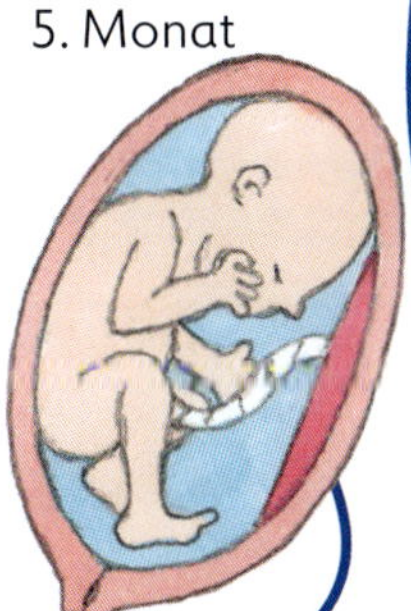

6. Monat

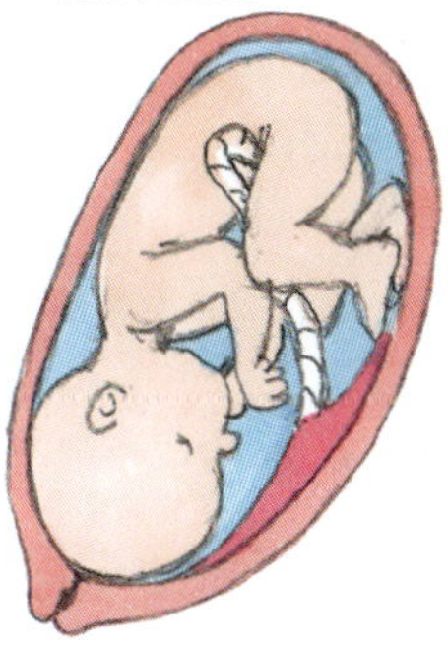

## Das Baby entwickelt sich

Das Kind wächst in der Gebärmutter.
Dort ist es von einer festen Blase,
der Fruchtblase, umgeben. In der Fruchtblase
schwimmt das Kind im Fruchtwasser.
Das Wasser schützt das Baby zum Beispiel
vor Stößen oder zu lauten Geräuschen.
Wenn die Mutter läuft, wird es hin und her
geschaukelt wie in einer Wiege.
Die Schwangerschaft dauert 9 Monate,
also etwa 40 Wochen. In der Zeit ist das Kind
über eine Nabelschnur mit der Mutter
verbunden. Über die Nabelschnur erhält
es Nahrung und Sauerstoff.
Alles, was die Mutter isst, trinkt und erlebt,
beeinflusst die Entwicklung des Kindes.
Eine gesunde Lebensweise der Mutter ist daher
für das Kind sehr wichtig.

Das Kind ist kleiner als ein Apfelkern. Aber das winzige Herz schlägt schon!

Jetzt zeigen sich Kopf, Arme und Beine. Das Kind kann mit den Händchen greifen und den Füßen wackeln.

Das Kind hört Geräusche aus der Umgebung: Stimmen, Musik, das Herzklopfen der Mutter. Es ist etwa 25 cm groß. Auch ist zu erkennen, ob das Baby einen Penis oder eine Scheide hat.

Es schlägt Purzelbäume und strampelt.

Fast fertig! Das Kind ist nun etwa 40 cm groß. Es hat sich schon in die Geburtsrichtung gedreht.

Es geht los: Das Kind schiebt sich durch die Scheide der Mutter in Richtung Welt. Und mit dem ersten Schrei begrüßt es seine Familie.

7. Monat

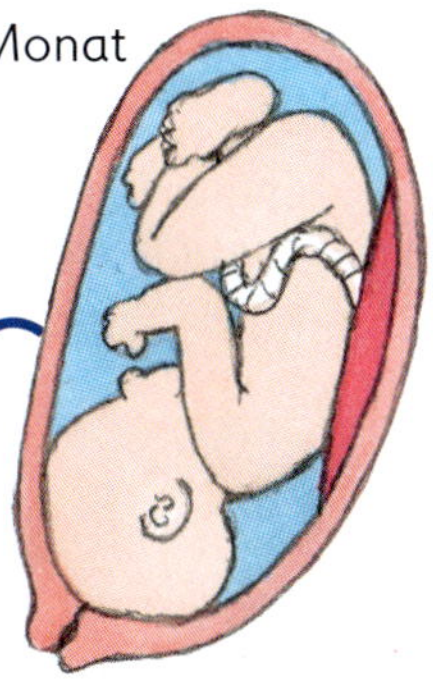

8. Monat

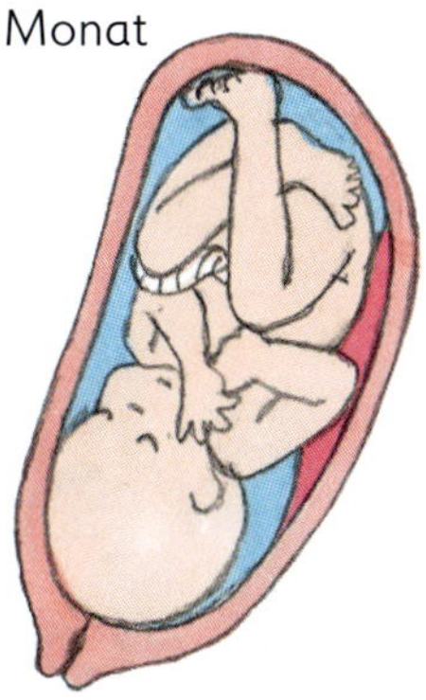

9. Monat

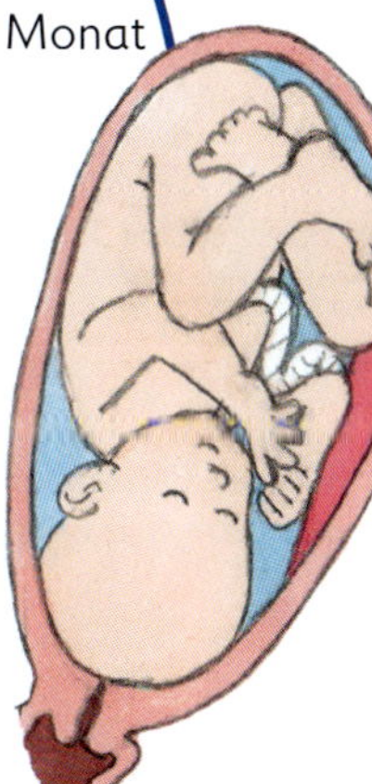

Geburt

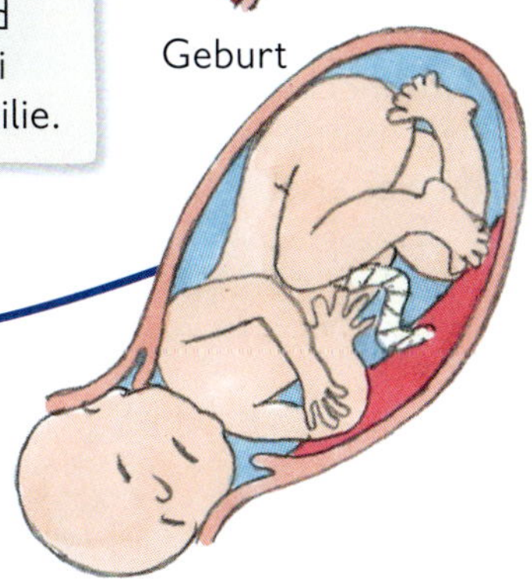



S. 4/5, 8/9

## Trau dich „Nein!“ zu sagen

**1** Betrachtet die Bilder.
Diskutiert in der Klasse, wie sich die Kinder fühlen.

„Nein“ zu sagen ist manchmal gar nicht so leicht.
Aber wenn es dich selbst betrifft, entscheidest du selbst:
„Was ist gut für mich? Was mag ich und was mag ich nicht?“
Jeder sollte darauf achten, dass er sich wohlfühlt und gesund bleibt.

Werden dir Alkohol, Zigaretten oder andere **Drogen** angeboten, sage „Nein!“.
Diese Stoffe schädigen deinen Körper. Sie können **süchtig** und krank machen.

Ein anderes Kind will dich zwingen, etwas zu tun, das du falsch findest.
Sei mutig und sage:
„Nein, das mache ich nicht!“
Wenn du nachgibst, wirst du immer weiter ausgenutzt.

Kind dürfen und müssen auch „Nein“ sagen können; den Bezug zu sexuellem Missbrauch, Diskriminierung und Ausgrenzung verdeutlichen

Es kann auch vorkommen, dass du dich und deinen Körper vor anderen Menschen schützen musst.
Wenn du etwas Beängstigendes oder „Komisches“ erlebst, erzähle es.
Du kannst dir Hilfe bei einem Menschen holen, dem du vertraust.

Wenn du nicht willst, dass jemand dich berührt, umarmt oder küsst, sage laut und deutlich: „Nein!“
Das kannst du auch behutsam sagen, wenn du den anderen nicht verletzen willst.

**INTERESSANT**

Wir sprechen nicht nur durch Worte. Auch unser Körper, seine Bewegung und unsere Mimik teilen anderen etwas mit.
Wie bewegst du dich?
Wie schaust du?
Diese Körpersprache „lesen“ andere Menschen.
Darum: Wenn du „Nein!“ sagst, sei selbstsicher und ohne Angst.
Zeige: „Das kannst du nicht mit mir machen.“

**LEICHTER LERNEN**

**Eselsbrücken helfen**

Über Eselsbrücken kannst du dir wichtige Inhalte einprägen, zum Beispiel:
„Fühlst du Unbehagen, kannst du ‚Nein‘ sagen!“

## MITMACHEN UND NACHDENKEN

2 Erzähle zu den Bildern mit deinen Worten.

3 Spiele eine Situation mit einem anderen Kind nach. Sprecht danach über eure Gefühle beim Spiel.

4 Informiere dich im Internet über das Kinder- und Jugendtelefon „Nummer gegen Kummer“.

Kind dürfen und müssen auch „Nein“ sagen können; den Bezug zu sexuellem Missbrauch, Diskriminierung und Ausgrenzung verdeutlichen

S. 2/3

# Unser Körper

**1** Wähle Aufgaben aus. Forsche nach.

## 1 Gestalte zu den Bildern Rollenspiele.

Ich kann „Nein!“ sagen. Wie tue ich das?

## 2 Umgang mit Ärger

Schreibe auf:
Was würdest du dem Mädchen raten?

## 3 Zwillinge

Wie entstehen eineiige und zweieiige Zwillinge?

Forsche im Internet oder in Sachbüchern nach.



Rollenspiele zum „Nein!“-Sagen durchführen; Umgang mit Ärger (Gefühle wahr- und ernstnehmen); zur Entstehung von Zwillingen forschen

S. 2/3

# Auf Entdeckungsreise

## Was sind Kontinente?

Das Foto beschreiben; Zusammenhänge zwischen der Frage und der unteren Abbildung herstellen

# Die Kontinente der Erde

**1** Wie heißen die Kontinente?

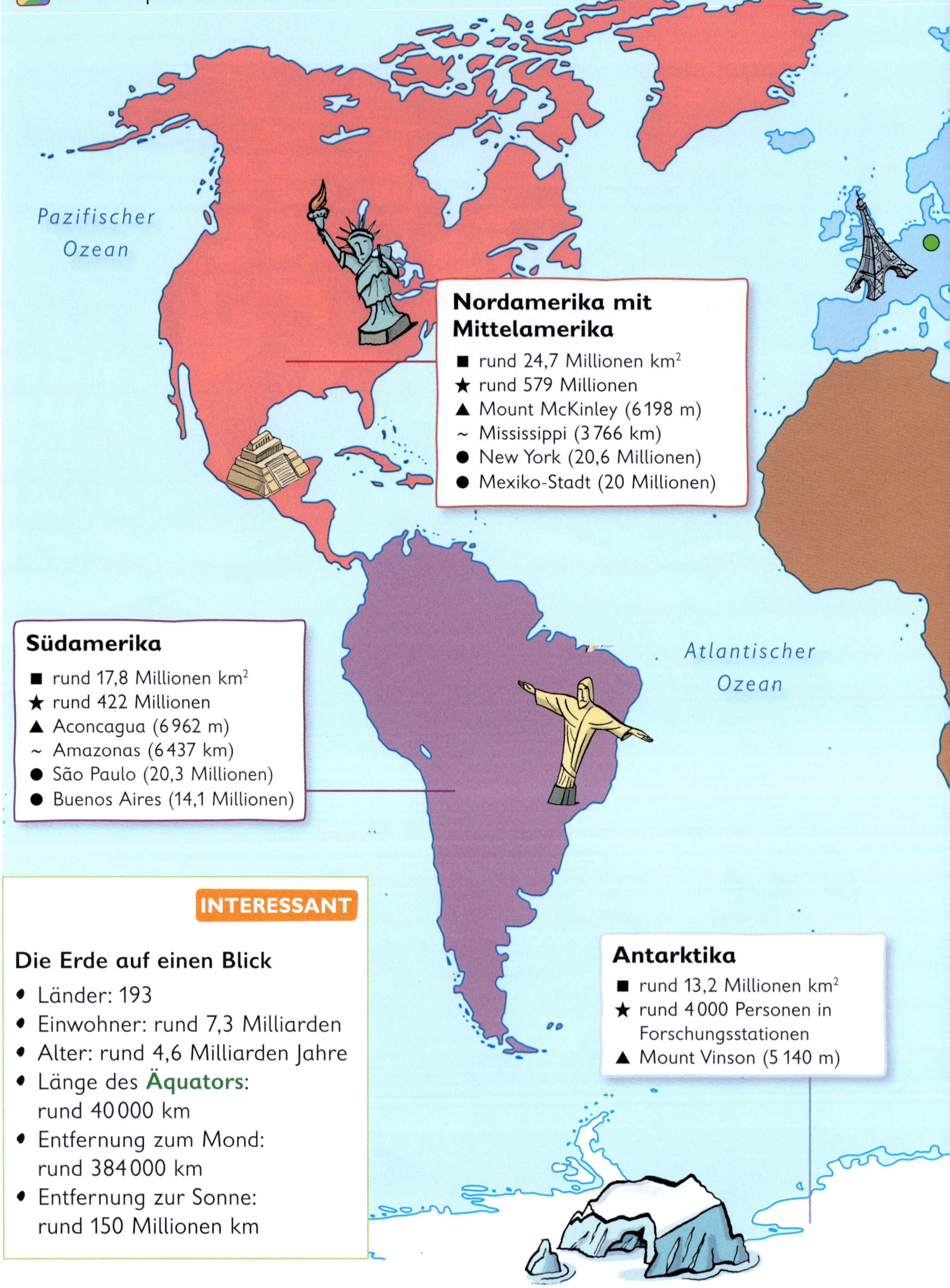


**Nordamerika mit Mittelamerika**

- ■ rund 24,7 Millionen km²
- ★ rund 579 Millionen
- ▲ Mount McKinley (6 198 m)
- ~ Mississippi (3 766 km)
- ● New York (20,6 Millionen)
- ● Mexiko-Stadt (20 Millionen)

**Südamerika**

- ■ rund 17,8 Millionen km²
- ★ rund 422 Millionen
- ▲ Aconcagua (6 962 m)
- ~ Amazonas (6 437 km)
- ● São Paulo (20,3 Millionen)
- ● Buenos Aires (14,1 Millionen)

**Antarktika**

- ■ rund 13,2 Millionen km²
- ★ rund 4 000 Personen in Forschungsstationen
- ▲ Mount Vinson (5 140 m)

**INTERESSANT**

**Die Erde auf einen Blick**

- Länder: 193
- Einwohner: rund 7,3 Milliarden
- Alter: rund 4,6 Milliarden Jahre
- Länge des **Äquators**: rund 40 000 km
- Entfernung zum Mond: rund 384 000 km
- Entfernung zur Sonne: rund 150 Millionen km

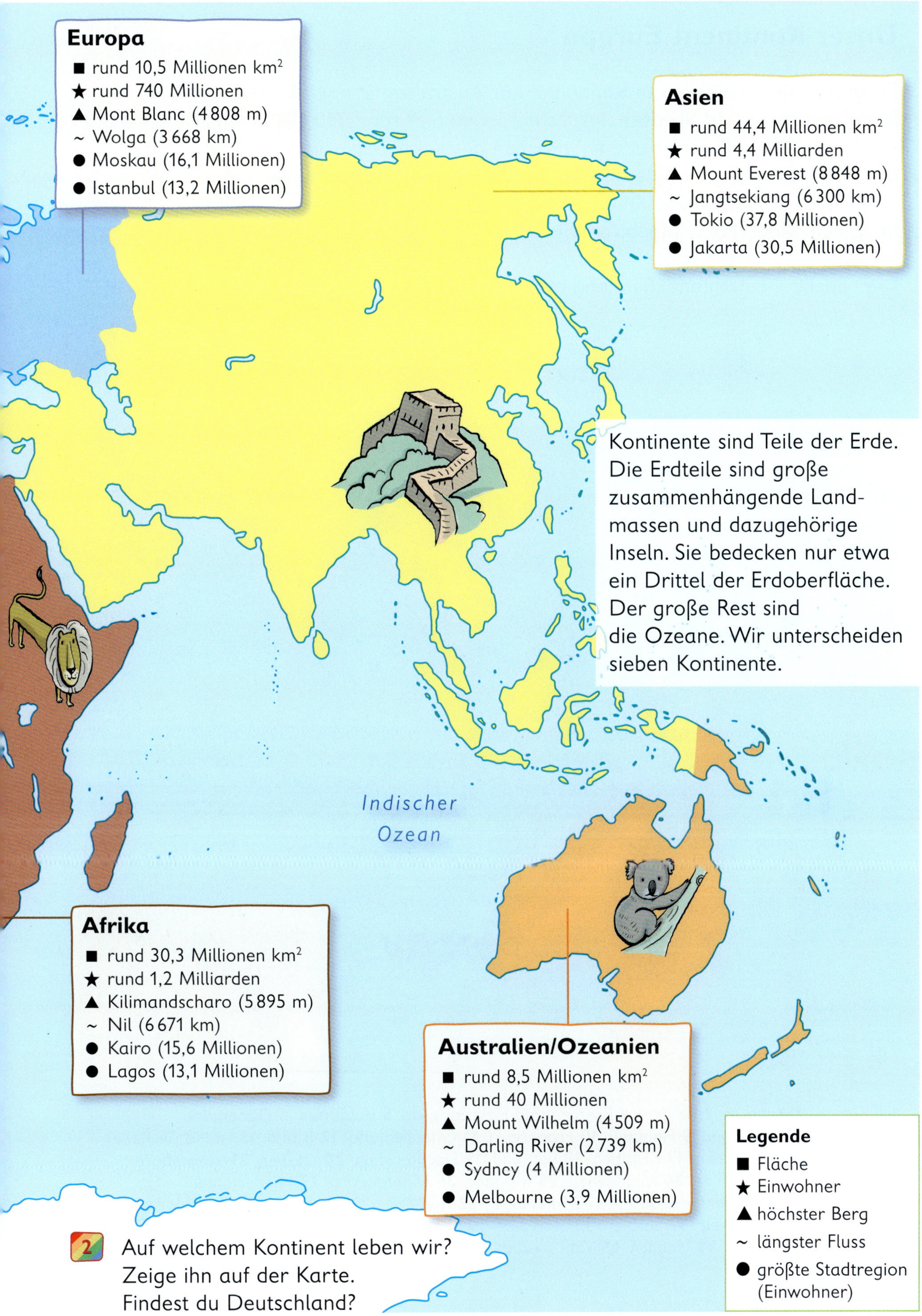


**Europa**
- ■ rund 10,5 Millionen km²
- ★ rund 740 Millionen
- ▲ Mont Blanc (4 808 m)
- ~ Wolga (3 668 km)
- ● Moskau (16,1 Millionen)
- ● Istanbul (13,2 Millionen)

**Asien**
- ■ rund 44,4 Millionen km²
- ★ rund 4,4 Milliarden
- ▲ Mount Everest (8 848 m)
- ~ Jangtsekiang (6 300 km)
- ● Tokio (37,8 Millionen)
- ● Jakarta (30,5 Millionen)

Kontinente sind Teile der Erde. Die Erdteile sind große zusammenhängende Landmassen und dazugehörige Inseln. Sie bedecken nur etwa ein Drittel der Erdoberfläche. Der große Rest sind die Ozeane. Wir unterscheiden sieben Kontinente.

**Afrika**
- ■ rund 30,3 Millionen km²
- ★ rund 1,2 Milliarden
- ▲ Kilimandscharo (5 895 m)
- ~ Nil (6 671 km)
- ● Kairo (15,6 Millionen)
- ● Lagos (13,1 Millionen)

**Australien/Ozeanien**
- ■ rund 8,5 Millionen km²
- ★ rund 40 Millionen
- ▲ Mount Wilhelm (4 509 m)
- ~ Darling River (2 739 km)
- ● Sydney (4 Millionen)
- ● Melbourne (3,9 Millionen)

**Legende**
- ■ Fläche
- ★ Einwohner
- ▲ höchster Berg
- ~ längster Fluss
- ● größte Stadtregion (Einwohner)

2 Auf welchem Kontinent leben wir? Zeige ihn auf der Karte. Findest du Deutschland?

# Unser Kontinent Europa

Europa ist der zweitkleinste Kontinent, nur Australien ist noch kleiner.
In Europa gibt es 48 **Staaten**. Insgesamt leben hier rund 740 Millionen Menschen.
Es werden über 60 verschiedene Sprachen gesprochen. Europa reicht im Norden bis an das Eismeer. Im Süden ist das Mittelmeer die Grenze zu Afrika.
Im Westen grenzt Europa an den Atlantischen Ozean und im Osten bildet das Uralgebirge die Grenze zum Kontinent Asien.

**1** Suche Deutschland. Benenne mithilfe der Legende die Nachbarstaaten.

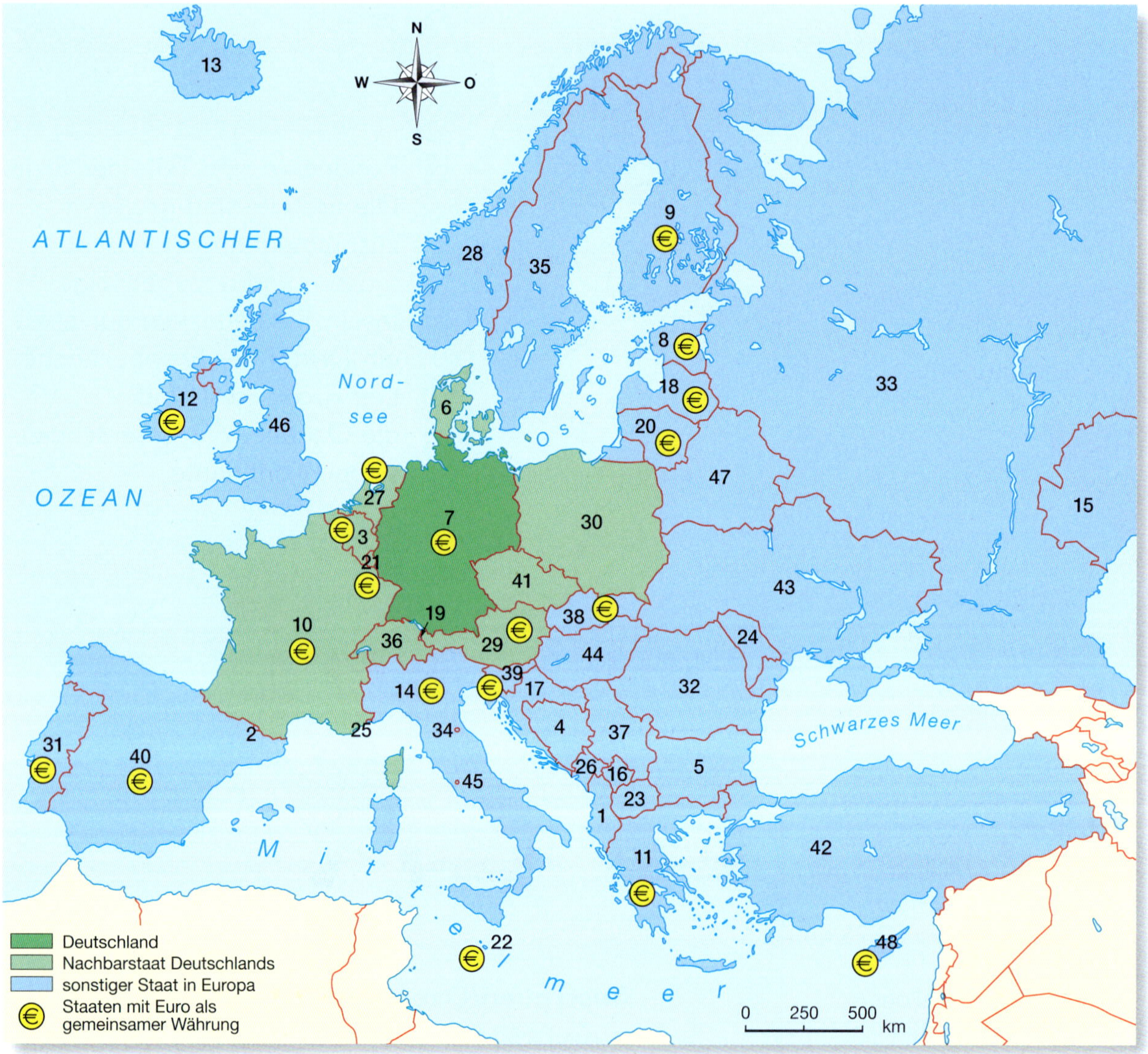


**1** Albanien **2** Andorra **3** Belgien **4** Bosnien und Herzegowina **5** Bulgarien **6** Dänemark **7** Deutschland **8** Estland **9** Finnland **10** Frankreich **11** Griechenland **12** Irland **13** Island **14** Italien **15** Kasachstan **16** Kosovo **17** Kroatien **18** Lettland **19** Liechtenstein **20** Litauen **21** Luxemburg **22** Malta **23** Mazedonien **24** Moldawien **25** Monaco **26** Montenegro **27** Niederlande **28** Norwegen **29** Österreich **30** Polen **31** Portugal **32** Rumänien **33** Russland **34** San Marino **35** Schweden **36** Schweiz **37** Serbien **38** Slowakei **39** Slowenien **40** Spanien **41** Tschechien **42** Türkei **43** Ukraine **44** Ungarn **45** Vatikanstadt **46** Vereinigtes Königreich **47** Weißrussland **48** Zypern



Die Lage Europas und die Lage Deutschlands innerhalb Europas besprechen; Deutschlands Nachbarstaaten benennen

**AH** S.22/23, 24/25 S. 8/9

## Die Europäische Union (EU)

27 Länder Europas sind Mitgliedstaaten der Europäischen Union (EU) . Diese Länder arbeiten eng zusammen.

Die EU hat ein gemeinsames Parlament. Insgesamt vertreten 705 **Abgeordnete** im Europäischen Parlament die Menschen, die in den 27 EU-Ländern leben. Die Bürgerinnen und Bürger wählen die Abgeordneten direkt für eine Amtszeit von fünf Jahren. Diese beschließen dann Gesetze, zum Beispiel, dass jeder EU-Bürger in jedes EU-Land reisen und auch dort arbeiten darf.

In vielen Ländern der EU wird seit 2002 mit dem Euro bezahlt. Bei Reisen in diese Länder braucht man deshalb kein Geld umzutauschen und man kann besser Preise vergleichen. Die Geldscheine sehen in allen Ländern gleich aus. Die Münzen sind auf der Vorderseite gleich. Die Rückseite kann jedes Land unterschiedlich gestalten.

Der Plenarsaal des Europäischen Parlamentes in Straßburg

Die zwölf Sterne auf der Flagge der EU sind ein Symbol für die Einheit der Völker

2-Euro-Münze aus: Italien Frankreich Deutschland

**MITMACHEN UND NACHDENKEN**

**2** In welchen Ländern kann man mit dem Euro bezahlen?

**3** Betrachte verschiedene Euro- und Cent-Münzen. Aus welchen Ländern kommen sie?


S. 4/5, 8/9

## Wir leben in Deutschland

**1** Wie heißen die Bundesländer von Deutschland und ihre Landeshauptstädte?

Deutschland liegt mitten in Europa und gehört seit 1993 zur Europäischen Union (EU).
Deutschland ist ein Bundesstaat, weil sich insgesamt 16 Bundesländer zu einem großen Land zusammengeschlossen haben.
Dieser Zusammenschluss wird Bund genannt.

Die deutsche Nationalflagge

**Die Bundesrepublik Deutschland auf einen Blick:**

Lage: Mitteleuropa
Nachbarstaaten: Belgien, Dänemark, Frankreich, Luxemburg, Niederlande, Österreich, Polen, Schweiz, Tschechien
Hauptstadt: Berlin
Fläche: 357 409 km$^2$
Einwohner: rund 82,2 Millionen
Währung: Euro/Cent
Sprache: Deutsch ist die Amtssprache. Es leben aber auch viele Menschen in Deutschland, die eine andere Muttersprache haben.
Nationalfeiertag: Tag der Deutschen Einheit am 3. Oktober.
Regierung: Alle vier Jahre wählen die Bürgerinnen und Bürger die Abgeordneten des **Deutschen Bundestages**.
Höchster Berg: Zugspitze 2 962 m
Längste Flüsse: Rhein 865 km, Elbe 700 km, Donau 647 km, Main 524 km
Größte Seen: Bodensee 572 km$^2$, Müritz 110 km$^2$, Chiemsee 80 km$^2$

Das deutsche Staatswappen

**Nationalhymne:**
Einigkeit und Recht und Freiheit
für das deutsche Vaterland!
Danach lasst uns alle streben,
brüderlich mit Herz und Hand!
Einigkeit und Recht und Freiheit
sind des Glückes Unterpfand:
Blüh' im Glanze dieses Glückes,
blühe, deutsches Vaterland!

# Das Land Brandenburg in Deutschland

## MITMACHEN UND NACHDENKEN

**2** Spielt Bundesländerraten: Mein Bundesland liegt im …
Durch mein Bundesland fließt …
An mein Bundesland grenzt …

## Projektwoche Europa

1 Wähle Ideen aus. Forsche nach.

# Kreuz und quer durch unser Land

**Was macht unser Land Brandenburg so besonders?**

Das Foto beschreiben; Zusammenhänge zwischen der Frage und der unteren Abbildung herstellen

S. 14/15

# Karten helfen bei der Orientierung

Karten sind Medien, die unsere Erdoberfläche darstellen. Sie helfen uns, sich in großen und kleinen Gebieten unserer Erde zu orientieren.
Alle Karten sind verebnete, verkleinerte und vereinfachte Darstellungen, die die Gebiete mit Zeichen und Beschreibungen darstellen.

**verebnet:** Ein Berg lässt sich auf einer flachen Karte darstellen, wenn man ihn sich „plattgedrückt", also als Grundriss vorstellt.

**verkleinert:** Ein ganzes Land passt nicht auf eine Karte. Also verkleinert man die Darstellung und schreibt einen Maßstab auf.

**vereinfacht:** Es kann nicht alles auf einer Karte dargestellt werden. Es wird eine Auswahl getroffen, was abgebildet werden soll.

Karten werden nach verschiedenen Inhalten eingeteilt.

## Thematische Karten

Eine thematische Karte bezieht sich auf ein bestimmtes „Thema", zum Beispiel ein Stadtplan.

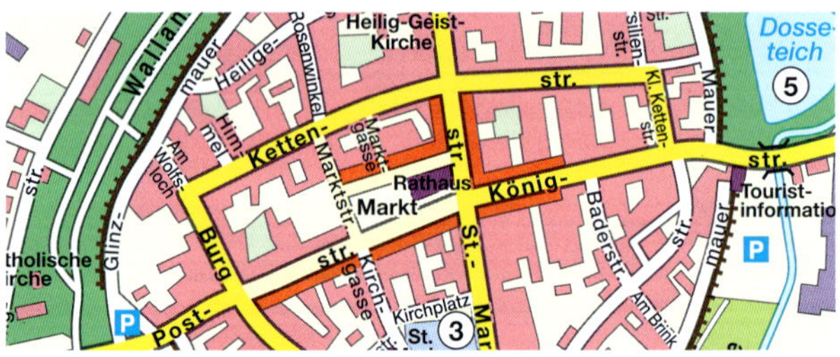


## Physische Karten

Eine physische Karte zeigt flaches Land, Flüsse, Seen und Berge.
Die Lage von Orten und Verkehrswegen wie Straßen und Bahnstrecken und auch die Grenzen zu anderen Gebieten sind dargestellt.

**1** Arbeitet in Partnerarbeit mit diesem Plan. Notiert eure Ergebnisse.

- An welchem Fluss liegt Potsdam?
- Findet auf dem Plan die Nikolaikirche, das Holländische Viertel und eine andere Sehenswürdigkeit. Nennt die Straßen und Plätze, an denen sie liegen.
- Jeder beschreibt einen Weg durch das Potsdamer Zentrum. Wählt den Start und das Ziel aus. Findet den kürzesten Weg.

## Stadtplan Potsdam-Zentrum

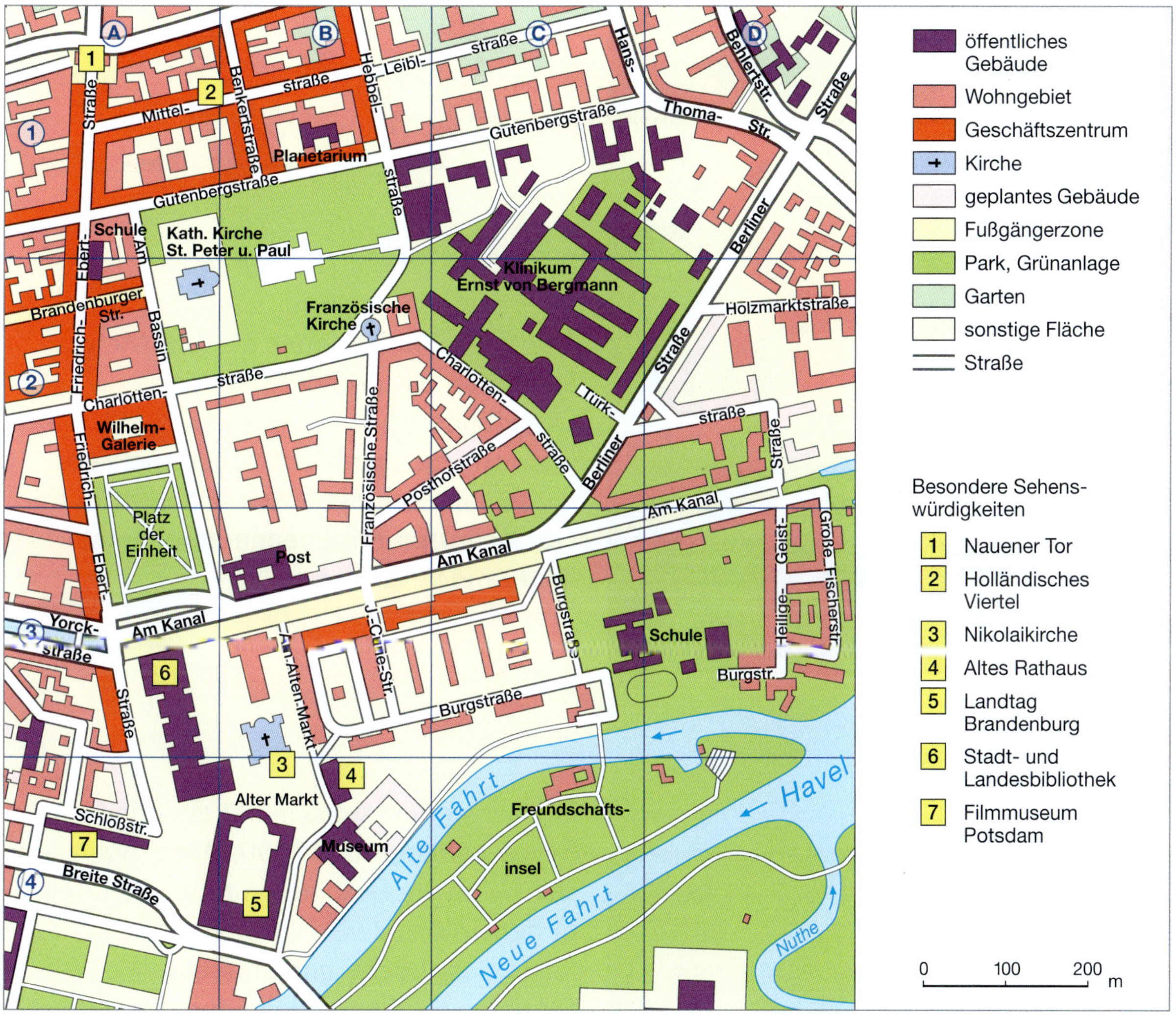


### MITMACHEN UND NACHDENKEN

**2** Bringe eine Karte mit in den Unterricht. Erkläre sie.

## Von der Wirklichkeit zur Karte

**1** Beschreibe die Landschaften auf den Fotos. Lies dann die Texte.

Eine Ebene ist ein weites, flaches Gebiet. Dort gibt es keine Berge und keine Hügel. Man kann weit in das Land schauen.

Ein Hügel erhebt sich nur wenig über seine Umgebung. Hügel sind nicht höher als 200 Meter. Sie haben abgerundete Kuppen. Die Hänge sind häufig flach und lang gezogen. Oft liegen mehrere Hügel hintereinander wie eine Kette. Landschaften mit Ebenen und Hügeln nennt man Tiefland.

Ein Berg überragt seine Umgebung. Berge können über 1000 Meter hoch sein. Manche Berghänge fallen steil ab. In den Tälern zwischen Bergen fließen oft Bäche und Flüsse. Manchmal füllen kleine Seen die Täler. Mehrere Berge und Täler oder eine Kette von mehreren Bergen nennt man Gebirge.



Landschaftsmerkmale und Höhen (Ebene, Hügel, Berg) voneinander unterscheiden und wiedererkennen

### Ein Beispiel: Flache Karten zeigen hohe Berge

**2** Erkläre mit eigenen Worten, wie aus hohen Bergen flache Karten werden.

Das ist eine Landschaft mit Berg und Tal. Es sind kleine Häuser, Wiesen, Felder und Bäume zu sehen. Ein Fluss fließt in einen See.

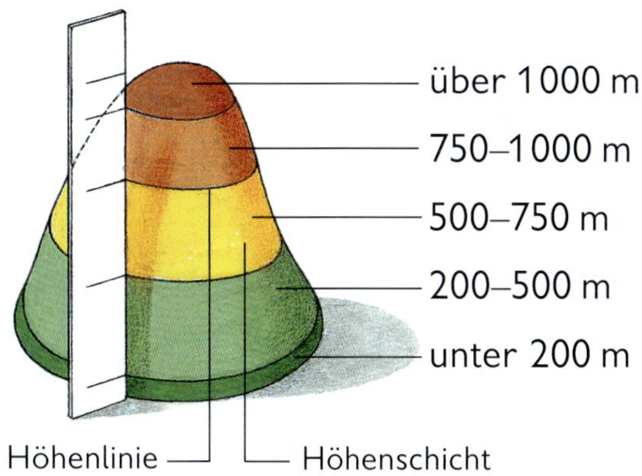


So kann man die Landschaft mit Höhenlinien und Höhenschichten vereinfacht darstellen. Jede Höhenschicht hat eine andere Farbe.

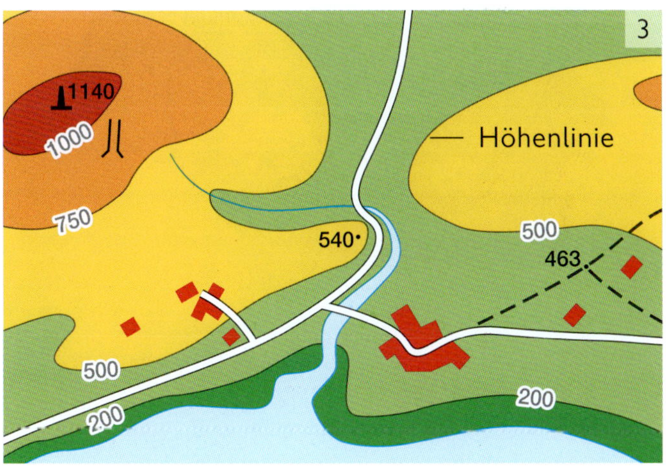


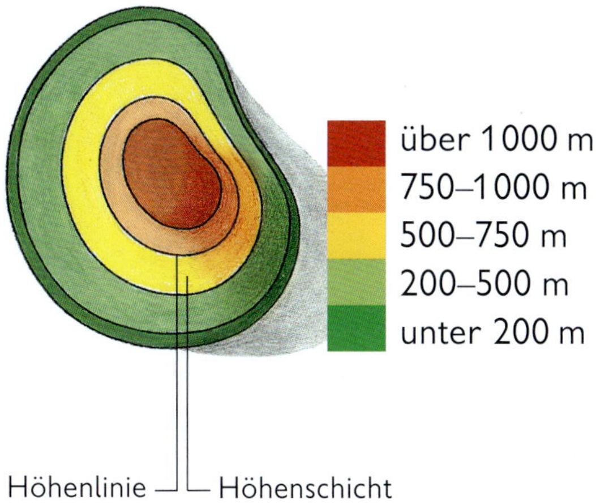


Von oben betrachtet sehen die Höhenschichten wie farbige Flächen aus. Hier sind Höhenlinien und Höhenschichten auf einer Karte dargestellt.



S. 8/9

# Mit der Karte des Landes arbeiten

**1** Finde bekannte Orte, Flüsse, Berge … auf der Karte und lege eine Tabelle an.

## Oberflächenkarte des Landes Brandenburg

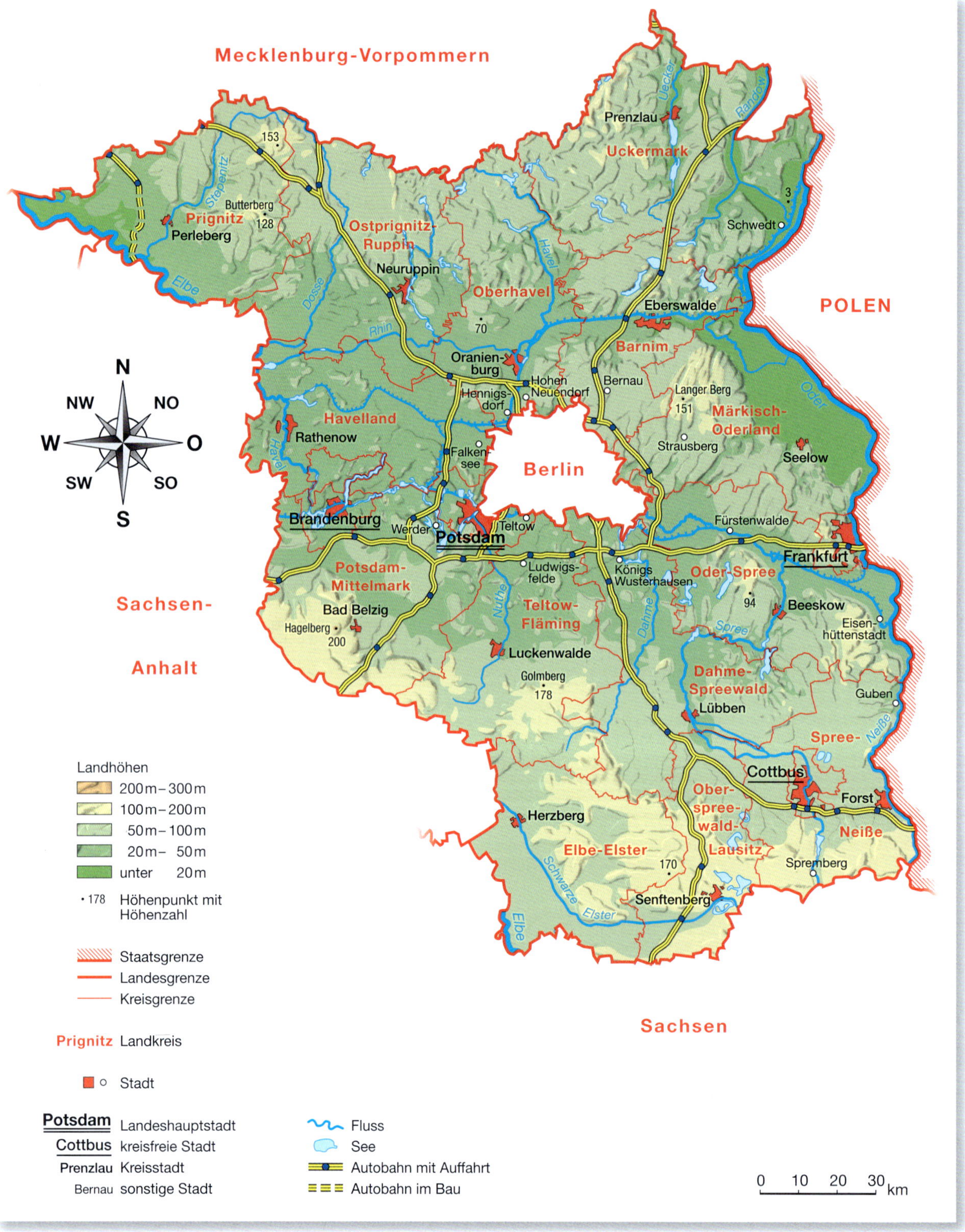




S. 10/11

## Tipps zum Umgang mit Karten

Tipp 1: Die Legende der Karte lesen

Die Legende erklärt die Farben und Zeichen.

- Höhenschichten haben verschiedene Farben.
- Verkehrswege sind als Linien zu sehen.
- Rote Flächen oder kleine, weiße Kreise sind Orte. Das Schriftbild der Ortsnamen kennzeichnet auch, ob es große oder kleine Orte sind.
- Gewässer erkennst du als blaue Linien oder Flächen.

Tipp 2: Entfernungen auf der Karte bestimmen

Der Maßstab zeigt das Verhältnis zwischen der echten Länge einer Strecke und der abgebildeten auf der Karte.

- Lege einen Faden sorgfältig vom Startpunkt bis zum Zielpunkt der Strecke. Achte darauf, die Kurven auszulegen.
- Schneide den Faden am Zielpunkt ab.
- Miss mit dem Lineal die Länge des Fadens.
- Errechne dann mit der Maßstabsleiste die Entfernung.

**LEICHTER LERNEN**

**Mit der Landkarte arbeiten**

Jede Karte hat eine Überschrift. Sie sagt, was auf der Karte abgebildet ist. Betrachte die Karte. Lies in der Legende, was die Farben und Zeichen bedeuten. Wähle eine Farbe und ein Zeichen aus. Finde sie auf der Karte. Erkläre, was sie dir sagen, zum Beispiel:

- zur Landschaft
- zum Gewässer
- zum Verkehrsweg
- zur Lage eines Ortes
- ...

Tipp 3: Die Karte einnorden

Auf einer Karte ist Norden immer am oberen Rand. Damit du die Karte im Gelände in die richtige Richtung hältst, musst du sie einnorden. Nutze dafür einen Kompass.

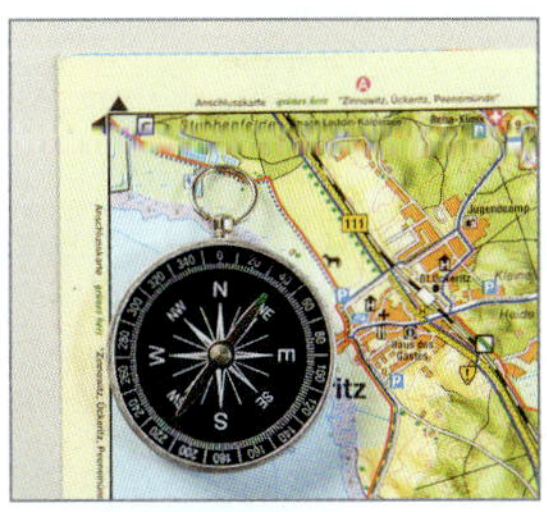

Den Kompass an den Rand der Karte legen.

Die Karte drehen, bis der Richtungspfeil auf **N** (Norden) zeigt.

**MITMACHEN UND NACHDENKEN**

**2** Beschreibe mithilfe der Windrose die Lage von Orten, Flüssen, Grenzen ...

**3** Miss auf einer Karte des Landes die Entfernung von deinem Schulort bis zur Landeshauptstadt Potsdam.

# Das Land Brandenburg und seine Kreise

**1** Löst folgende Aufgaben:

- Wie viele Landkreise hat Brandenburg?
- Wie heißen die Nachbarkreise, die an deinen Heimatkreis grenzen?
- Wie heißen die kreisfreien Städte?
- Welche große Stadt liegt in der Nähe deines Heimatortes?
- In welchem Landkreis oder in welcher kreisfreien Stadt wohnst du?
- Wie heißt der kleinste Landkreis in Brandenburg?

### Kreise im Land Brandenburg

Um das Zusammenleben der Menschen in Deutschland gestalten und verwalten zu können,
wurden unterschiedlich große Gebiete zu Landkreisen zusammengefasst. Mehrere Landkreise und kreisfreie Städte bilden dein Heimatland – Brandenburg. Dieses wiederum gehört zur Bundesrepublik Deutschland.

**Eine thematische Karte zum Landkreis gestalten**

In deinem Heimatkreis leben und arbeiten viele Menschen. Daher gibt es auch viele Arbeitsstätten, zum Beispiel Industriebetriebe, Geschäfte, Banken oder Bauernhöfe. Sie bilden die Wirtschaft deines Heimatkreises.

So kannst du eine Karte zum Thema „Wirtschaft im Heimatkreis" anlegen:

- Nutze für die Wirtschaftskarte eine Umrisskarte deines Kreises. Zeichne größere Orte, wichtige Straßen und Flüsse ein.
- Wähle Standorte von Industrie, Landwirtschaft, Dienstleistung und Touristik aus.
- Trage nur die wichtigsten Standorte in die Karte ein, damit sie übersichtlich bleibt.
- Nutze für die Betriebe unterschiedliche Zeichen. Erkläre sie in der Legende.

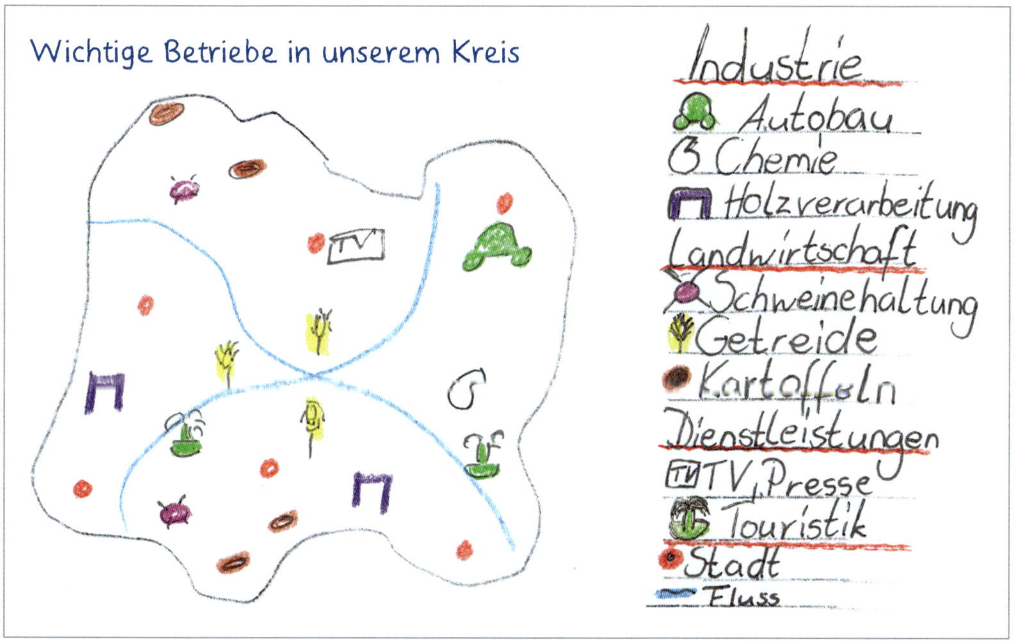


## MITMACHEN UND NACHDENKEN

**2** Sammelt Bilder von eurem Heimatkreis oder eurer Heimatstadt und stellt sie vor.

**3** Gestaltet gemeinsam eine Karte zur Wirtschaft eures Heimatkreises.

# Unser Land im Überblick

**1** Lest die Texte. Worüber möchtet ihr mehr erfahren? Informiert euch und präsentiert eure Ergebnisse.

**Fläche:** 29 654 $km^2$

**Lage:** Das Bundesland Brandenburg grenzt
im Norden an Mecklenburg-Vorpommern,
im Osten an Polen,
im Süden an Sachsen,
im Westen an Sachsen-Anhalt und Niedersachsen.
In der Mitte des Landes liegt das Land Berlin.

**Landeshauptstadt:** Potsdam

**Bevölkerung:** etwa 2,5 Millionen

**Bevölkerungsreichste Stadt:** Potsdam

**Weitere große Städte:** Cottbus, Brandenburg, Frankfurt/Oder

**Flüsse:** Spree, Havel, Oder, Neiße, Schwarze Elster …

**Seen:** Schwielochsee, Scharmützelsee, Unteruckersee …

**LEICHTER LERNEN**

**Unser Land erkunden**

- Notiert interessante Themen, wie Städte und Sehenswürdigkeiten, auf Zetteln.
- Sortiert sie nach Schwerpunkten.
- Bearbeitet die Themen in Gruppen.
- Präsentiert eure Ergebnisse:
  - in Sammelordnern,
  - als Ausstellung,
  - vor einer anderen Klasse.

Die brandenburgische Landesflagge besteht aus zwei gleich breiten Streifen in den Farben des Landes, Rot und Weiß. In ihrer Mitte ist das Landeswappen abgebildet – der rote märkische Adler auf weißem Feld.
Über 1 000 Jahre war er das Wappentier vieler Herrscher und Städte des Landes. Er verkörpert Mut und Kraft.

Die Geschichte der rot-weißen Flagge geht bis zum Jahr 1882 zurück.

Besonderheiten vom Land Brandenburg kennen: Lage, Größe, Einwohnerzahl, Flagge …;
Prospekt, Plakat zum Wohnort erstellen

S. 16

2 Benennt Merkmale der Landschaften: Spreewald, Fläming und Oderbruch.

Brandenburg ist reich an wertvollen Naturlandschaften. Auf sanften Hügeln wachsen Kiefern- und Mischwälder. Im flachen Land fließen Havel und Spree. Dort liegen auch die großen Seen, die Moore und Sümpfe, auch Bruch oder Luch genannt.

**Spreewald**

Die Spree und die zusätzlich angelegten Kanäle bilden ein verzweigtes Gewässernetz, das über 1500 km lang ist. Die Wasserläufe durchziehen feuchte Wiesen, naturbelassene Wälder und kleine Äcker: den Spreewald.
Hier leben etwa 19 000 zum Teil seltene Pflanzen- und Tierarten. Diese einzigartige Landschaft soll geschützt werden. Daher wurde sie zum **Biosphärenreservat** erklärt.

**Fläming**

Der Fläming ist eine Höhenkette im Südwesten des Landes. Benannt ist er nach den Flamen, die sich vor über 800 Jahren hier ansiedelten. Der Spruch „Fläming, arm an Born (Quellen), reich an Korn“ verrät viel über die Natur. Trotz Wassermangels gab es früher immer ertragreiche Flächen der Land- und Forstwirtschaft. Heute ist der Fläming bekannt durch Obstanbau und die beliebte 100 km lange Rollbahn für Skater, den Flaeming-Skate.

**Oderbruch**

Früher war das Oderbruch von vielen Armen der Oder durchflossen. Mehrmals im Jahr gab es Überschwemmungen. Der preußische König Friedrich II. ließ das sumpfige Gebiet vor 250 Jahren trockenlegen. Der Nationalpark Unteres Odertal bringt heute die „Wildnis“ wieder zurück in das Gebiet. Die artenreichen Lebensräume des unteren Odertals, wie die Auenlandschaft, können sich wieder frei entwickeln.

# Eine Reise durch das Land

1 Betrachte die Karte.
Lies die Texte und berichte von den Sehenswürdigkeiten und Sagen.

## 1 Ritter Kahlbutz

Als man vor etwa 200 Jahren den Sarg des Ritters Christian Friedrich von Kahlbutz (1651–1702) in Kampehl öffnete, fand man eine Mumie. Seine Leiche hat sich bis heute auf mysteriöse Weise erhalten – ein biologisches Rätsel! Der Sage nach soll der Ritter einen Schäfer getötet, aber vor Gericht geschworen haben: „Wenn ich doch der Mörder bin gewesen, dann wolle Gott, soll mein Leichnam nicht verwesen."

## 2 Theodor-Fontane-Denkmal

In seiner Heimatstadt Neuruppin wurde dem Schriftsteller Theodor Fontane (1819–1898) ein Denkmal erbaut. Er schrieb viele Gedichte, Geschichten und Romane. In seinem Buch „Wanderungen durch die Mark Brandenburg" beschreibt er die Schönheiten seiner Heimat.

## 3 Schloss und Park Sanssouci

König Friedrich II. ließ sich in den Jahren 1745–1747 ein Sommerschloss in Potsdam erbauen. Er nannte es „Sanssouci", was im Französischen „Ohne Sorge" bedeutet.

## 4 Wasserpyramide in Branitz

Der Fürst Hermann von Pückler-Muskau ließ in Branitz einen bedeutenden Landschaftspark mit Schloss errichten. Wahrzeichen des Parks ist die Seepyramide, die gleichzeitig auch die Grabstätte des Fürsten ist.

### 5 Der Birnbaum des Herrn Ribbeck

„Herr von Ribbeck auf Ribbeck im Havelland“ ist ein Gedicht von Theodor Fontane von 1889. Es erzählt vom großzügigen Herrn von Ribbeck, der die Birnen seines Baumes an Kinder verschenkt. Damit auch nach seinem Tod die Kinder mit Birnen versorgt sind, nimmt er eine Birne mit ins Grab. Aus dieser wächst ein prächtiger Baum. Das Gedicht ehrt den echten Hans Georg von Ribbeck, der 1759 starb. Aus seiner Gruft wuchs tatsächlich bis 1911 ein Birnbaum, dessen Stumpf heute in der Kirche von Ribbeck aufbewahrt wird.

### 6 Schiffshebewerk Niederfinow

Das 1934 erbaute Schiffshebewerk Niederfinow ist das älteste noch arbeitende Schiffshebewerk in Deutschland. Es überwindet einen Höhenunterschied von 36 Metern am Oder-Havel-Kanal und hebt Lastkähne bis zu 750 Tonnen. Das Bauwerk ist ein geschütztes Industriedenkmal.
2017 soll zusätzlich ein neu gebautes Schiffshebewerk in Betrieb gehen.

### 7 Kloster Zinna

1170 gründeten Mönche das Kloster. Sie legten das umliegende Land trocken und betrieben Landwirtschaft und Handel mit Waren.

### 8 Burg Beeskow

Die Wasserburg in Beeskow war im **Mittelalter** eine Verteidigungsanlage. Heute ist die Burg ein Bildungs-, Kultur- und Musikschulzentrum.

### 9 Kloster Chorin

Das ehemalige Kloster wird als „des Landes schönster Schmuck“ bezeichnet. Es ist ein bedeutendes Baudenkmal. Noch heute können Besucher die kunstvolle Bauweise des Gebäudes aus Backstein bewundern.

**INTERESSANT**

Im Filmpark Babelsberg in Potsdam-Babelsberg kannst du hinter die Kulissen der Filmproduktion schauen. Im Freizeitpark gibt es etwa 20 Attraktionen und rasante Shows rund um Film und Fernsehen.

## MITMACHEN UND NACHDENKEN

**2** Welche Sehenswürdigkeiten aus der Karte hast du schon einmal besucht?

**3** Sucht im Internet das Gedicht von Theodor Fontane „Herr von Ribbeck auf Ribbeck im Havelland“. Lest es laut in der Klasse vor.

# Unsere Landeshauptstadt Potsdam

**1** Heute seid ihr die Reiseleiter. Erzählt über die genannten Sehenswürdigkeiten der Stadt Potsdam.

Kommt mit auf einen kleinen Stadtrundgang:

**Ehemaliges Stadtschloss und Landtag**
König Friedrich II. wohnte im Stadtschloss am heutigen Alten Markt.
1959 wurde das im Krieg zerstörte Gebäude abgerissen.
2001 begann der Neuaufbau – eine **Rekonstruktion** des originalen Stadtschlosses. Heute befindet sich in den Räumen der Landtag des Landes Brandenburg.

**Nikolaikirche**
Die St. Nikolaikirche am Alten Markt prägt mit ihrer weit über die Dächer der Stadt emporragenden Kuppel das Stadtbild Potsdams. Die 77 Meter hohe evangelische Kirche steht unter Denkmalschutz.

**Altes Rathaus**
Das Alte Rathaus am Alten Markt trägt auf seinem Kuppeldach eine Atlasfigur. Atlas ist in der griechischen Sage ein Riese, der das Himmelsgewölbe auf seinen Schultern trägt. Bis zum Jahr 1945 nutze die Stadtverwaltung das Gebäude. Heute ist es ein Kulturhaus, in dem zahlreiche Veranstaltungen stattfinden.

**Marstall**
Der Marstall gehörte zum ehemaligen Stadtschloss. Anfangs wurden dort exotische Pflanzen zum Überwintern hineingestellt. Später diente das Gebäude als Pferdestall. Es ist das älteste erhaltene Bauwerk der Stadt. Heute ist hier das Filmmuseum Potsdam untergebracht.

**Brandenburger Tor**
König Friedrich II. ließ das Brandenburger Tor im Jahr 1770 anstelle des einfachen Stadttores bauen. Interessant sind seine unterschiedlich gestalteten Seiten: die „Stadtseite“ und die „Landseite“. Wenn man damals aus Potsdam zu der Stadt Brandenburg wollte, musste man das Brandenburger Tor passieren – daher auch der Name.

**Schloss und Park Sanssouci**
Hier auf seinem Sommersitz war König Friedrich II. am liebsten. Im Schloss kann die original erhaltene Raumausstattung bestaunt werden. Der Park ist weltberühmt für seine einzigartigen Weinbergterrassen und prächtigen **Fontänen**. Auf der oberen Terrasse befindet sich heute das Grab Friedrichs II.

**Neue Markt**
Hier befindet sich im ehemaligen königlichen Kutschstall das Haus der Brandenburgisch-Preußischen Geschichte.

**Holländisches Viertel**
Zahlreiche rote Holländerhäuser wurden ab 1732 in Potsdam gebaut, um holländische Bauspezialisten in die Stadt zu holen. Heute lockt das berühmte Viertel im holländischen Stil mit seinen kleinen Läden, Werkstätten, Kunstgalerien und Gasthäusern viele Touristen an.

## MITMACHEN UND NACHDENKEN

**2** Welche dieser Sehenswürdigkeiten findest du auf dem Stadtplan auf Seite 67?

**3** Halte einen Kurzvortrag über Potsdam als Landeshauptstadt.

Freundeseite

# Kennst du dich in Brandenburg aus?

1 Wähle Aufgaben aus. Forsche nach.

## 1 Stadtrundgang

Bereite einen Rundgang in deinem Ort vor.
Was würdest du Besuchern zeigen und erklären?

## 2 Sprachforschung

Warum ist dieses Straßenschild in zwei Sprachen geschrieben?

Forsche nach, zum Beispiel unter:
www.fragFINN.de
Stichwörter: Brandenburg, Straßenschild, Straße

## 3 Irrgarten

Was gehört zusammen? Notiere auf einem Zettel.

1 

A Flaeming-Skate

2 

B Zoologischer Garten Eberswalde

3 

C Theodor Fontane

4 

D Filmpark Babelsberg

5 

E Spreewald

# Miteinander leben

Was machen
die Menschen im Rathaus?

Das Foto beschreiben; Zusammenhänge zwischen der Frage
und der unteren Abbildung herstellen

## Im Rathaus

**1** Welche Aufgaben haben die Mitarbeiter im Rathaus?
Lies die Texte. Betrachte das Schaubild.

In Deutschland leben alle Menschen in einer Gemeinde. Für ihre Bürgerinnen und Bürger übernimmt die Gemeinde viele öffentliche Aufgaben, damit das Zusammenleben der Menschen gut funktioniert. Für die Umsetzung werden Mitarbeiterinnen und Mitarbeiter im Rathaus/Gemeindebüro gebraucht. Sie arbeiten dort in verschiedenen **Ämtern** und Bereichen der **Verwaltung**.

Wir im Bauamt beraten und entscheiden, was in unserem Ort neu gebaut oder saniert werden soll, wie Schulen oder Sportstätten.

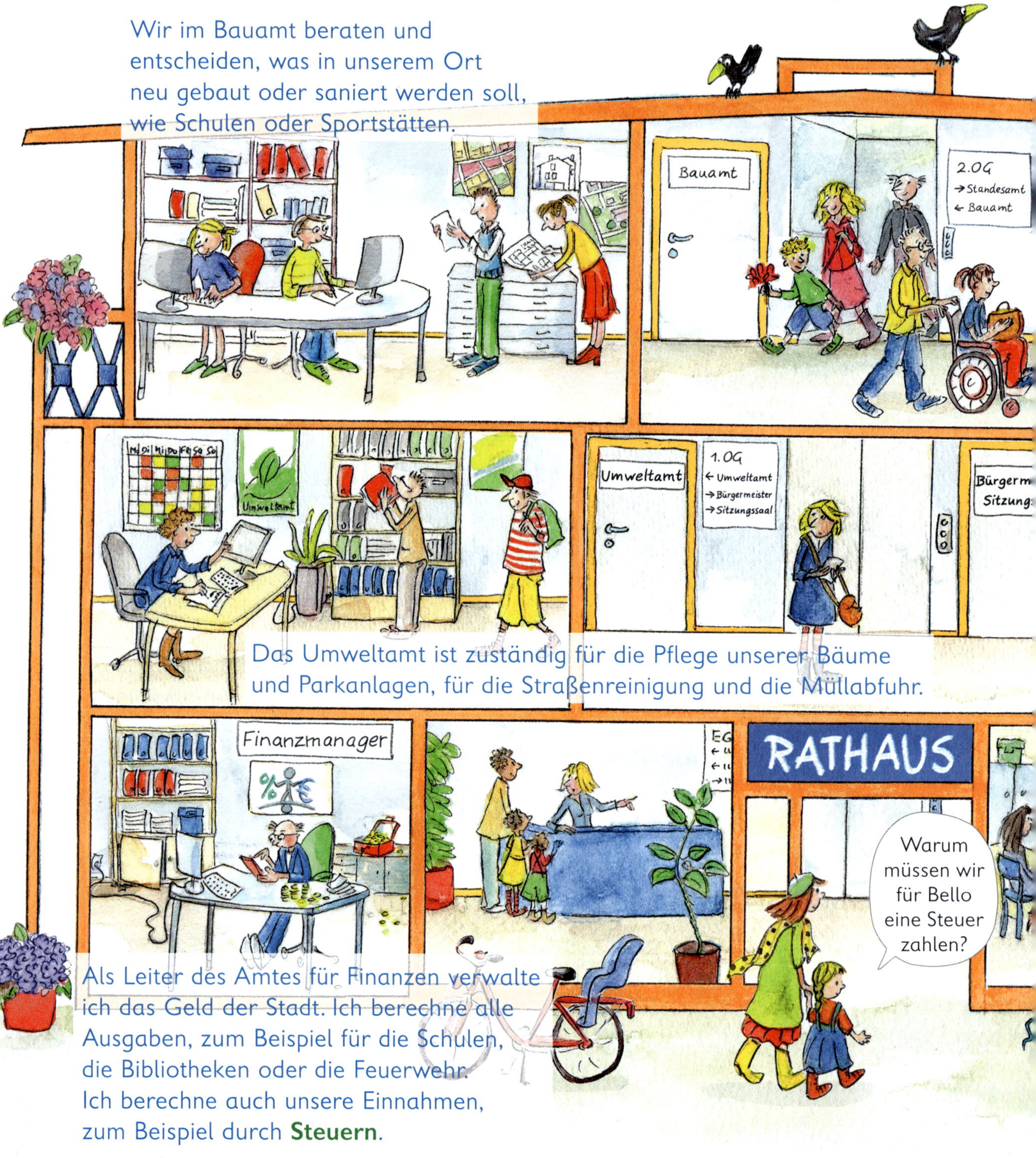


Das Umweltamt ist zuständig für die Pflege unserer Bäume und Parkanlagen, für die Straßenreinigung und die Müllabfuhr.

Als Leiter des Amtes für Finanzen verwalte ich das Geld der Stadt. Ich berechne alle Ausgaben, zum Beispiel für die Schulen, die Bibliotheken oder die Feuerwehr. Ich berechne auch unsere Einnahmen, zum Beispiel durch **Steuern**.



Einen Überblick über die öffentliche Einrichtung Rathaus gewinnen;
die Aufgaben der verschiedenen Ämter der Verwaltung kennenlernen

## MITMACHEN UND NACHDENKEN

**2** Sammelt Informationen über euer Rathaus/Gemeindebüro: Adresse, Öffnungszeiten, Abteilungen, E-Mail-Adresse, Name der Bürgermeisterin/ des Bürgermeisters …

**3** Warum werden so viele verschiedene Ämter gebraucht? Schau nach bei: www.Kinderrathaus.de

**INTERESSANT**

**Wortherkunft**

**Das Rathaus:** „Rat“ kommt von „Beratung“, „Ratschlag“. Man spricht vom Rathaus, weil dort der Stadtrat oder der Gemeinderat zu seinen Versammlungen zusammenkommt und sich berät.

Im Standesamt wird geheiratet. Ich als Standesbeamter nehme die Trauung vor. Die amtliche Eheurkunde stelle ich im Büro aus. Hier werden auch Geburten und Sterbefälle vermerkt.

Als Bürgermeisterin vertrete ich unsere Stadt bei wichtigen Entscheidungen oder wenn Gäste kommen. Ich leite die Ratssitzungen und bin die Chefin aller Mitarbeiterinnen und Mitarbeiter unserer Verwaltung.

Im Bürgerservice müssen sich die Menschen anmelden, die neu in der Stadt wohnen. Man kann hier einen Personalausweis oder Reisepass beantragen. Auch das Fundbüro findet man hier.

## Wie alles funktioniert

In einem so großen Land wie Deutschland gibt es verschiedene Ebenen, auf denen Gesetze gemacht und Entscheidungen getroffen werden. Man sagt auch, auf denen „Politik gemacht wird". Die höchste Ebene ist die Bundesebene. Was dort entschieden wird, gilt für alle Menschen in ganz Deutschland. Die kleinste Ebene ist die Gemeinde. Hier werden nur Dinge entschieden, die für die Menschen im Ort wichtig sind. Auf jeder Ebene gibt es eine Gruppe von Menschen, die stellvertretend für die Bürgerinnen und Bürger diese Entscheidungen trifft. Eine eigene Verwaltung setzt die Beschlüsse um.

1 Wie heißen die verschiedenen Ebenen, auf denen Entscheidungen getroffen werden?

An oberster Stelle steht der Bundestag. Im Bundestag arbeiten 630 Abgeordnete. Sie bestimmen Gesetze, die in ganz Deutschland gelten, zum Beispiel unsere Steuergesetze.

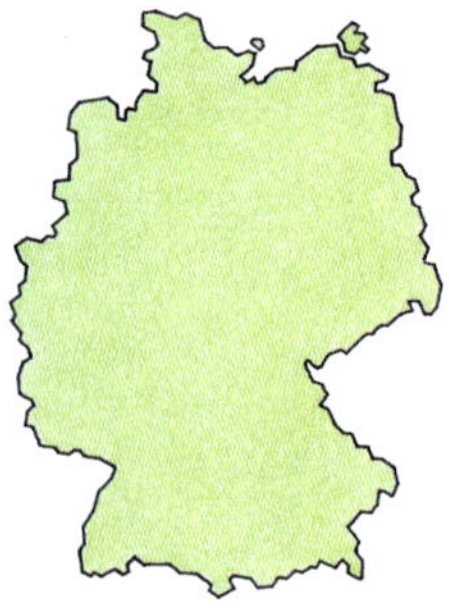

Deutschland besteht aus 16 Bundesländern. Jedes Bundesland hat ein eigenes Landesparlament (Landtag). Im Landtag beschließen die Abgeordneten Gesetze nur für das eigene Bundesland und entscheiden, wofür Geld in ihrem Land ausgegeben wird, zum Beispiel für die Polizei.

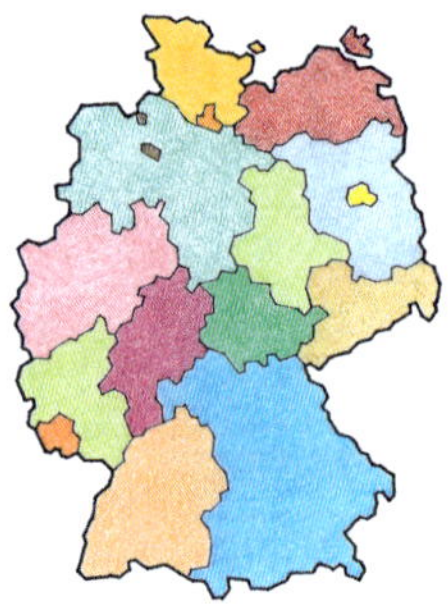

Die Bundesländer sind in fast 300 Landkreise aufgeteilt. Jeder Landkreis hat einen Kreistag. Die Mitglieder kümmern sich um Dinge im Landkreis, wie zum Beispiel den Straßenbau.

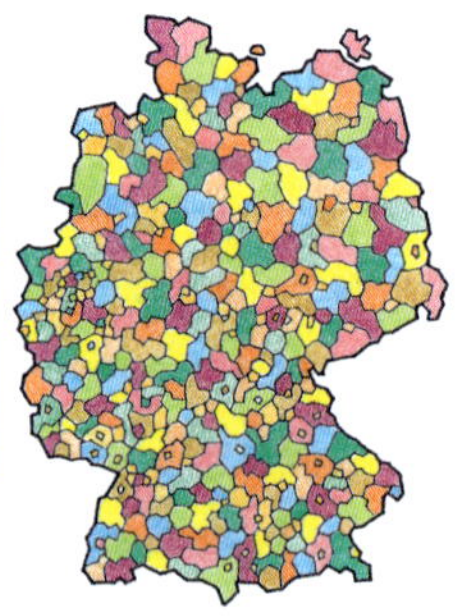

Ein Landkreis besteht aus vielen Gemeinden. In ganz Deutschland gibt es etwa 11 000. Dort kümmern sich Mitglieder des Gemeinderates sowie eine Bürgermeisterin oder ein Bürgermeister um Dinge vor Ort, wie die Müllabfuhr oder den Öffentlichen Nahverkehr.

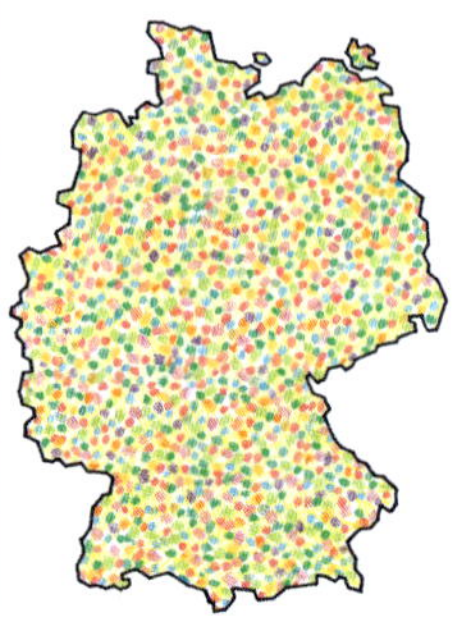



Die politischen Ebenen Deutschlands (Bundestag, Landtag, Kreistag, Gemeinderat), auf denen Entscheidungen getroffen werden, kennenlernen und ihre Einteilung in Ansätzen verstehen

## Demokratische Wahlen

Ob auf höchster oder kleinster Ebene: In Deutschland wählen Bürgerinnen und Bürger ab einem bestimmten Alter ihre Vertreter in einer **demokratischen** Wahl. Die Politikerinnen und Politiker sollen ihre Interessen vertreten. Meistens gehören sie **Parteien** an. Und diese haben unterschiedliche politische Meinungen.
Wenn eine Partei mehr Stimmen bekommt, dann darf sie auch mehr Politiker in die jeweilige Vertretung (Bundestag, Landtag, Kreistag, Gemeinderat) schicken.

**Fünf Merkmale einer demokratischen Wahl**

- unmittelbar
- allgemein
- frei
- geheim
- gleich

Die Bürgerinnen und Bürger von Deutschland wählen alle vier Jahre die Abgeordneten des Bundestages. Diese wählen die Bundeskanzlerin oder den Bundeskanzler. Zusammen mit den Ministerinnen und Ministern bilden sie die Bundesregierung.

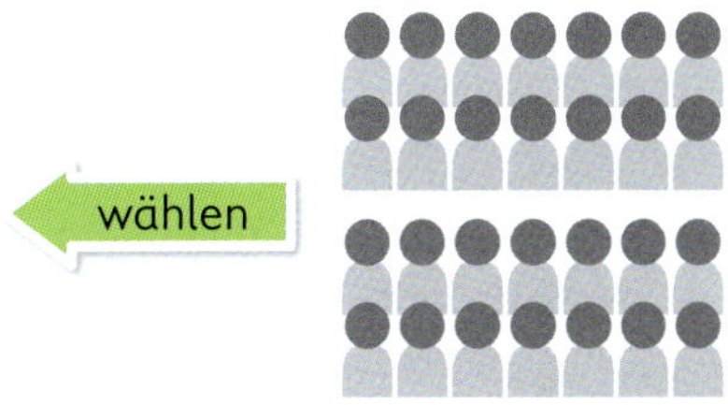


Die Bürgerinnen und Bürger des Bundeslandes wählen alle vier oder fünf Jahre die Abgeordneten des Landesparlamentes. Diese wählen die Ministerpräsidentin oder den Ministerpräsidenten. Zusammen mit den Ministerinnen und Ministern bilden sie die Landesregierung.

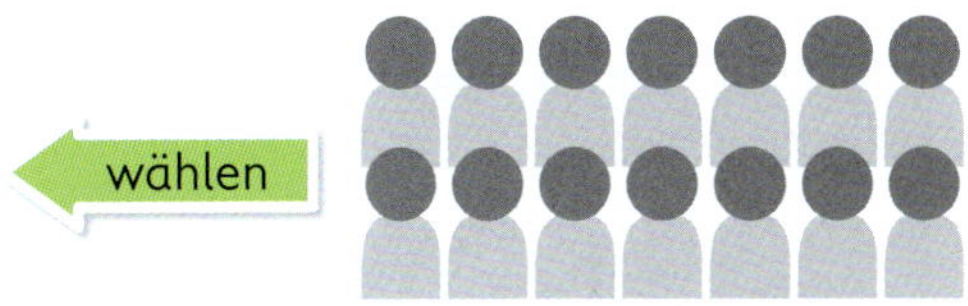


Die Bürgerinnen und Bürger des Landkreises, wählen die Mitglieder des Kreistages und in den meisten Fällen eine **Landrätin** oder einen **Landrat**. Sie oder er hat den Vorsitz im Kreistag.

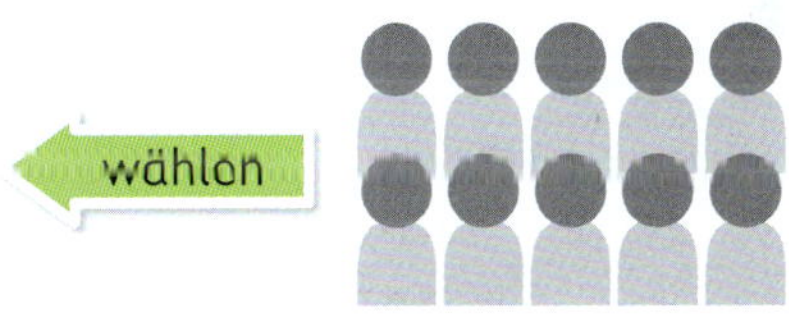


Die Bürgerinnen und Bürger, die in der Gemeinde leben, wählen die Mitglieder des Gemeinderates und die Bürgermeisterin oder den Bürgermeister. Die Mitglieder des Gemeinderates machen ihre Arbeit meistens ehrenamtlich.

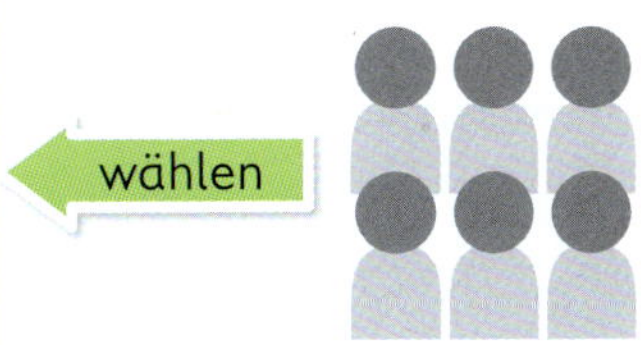


**MITMACHEN UND NACHDENKEN**

**2** Wie heißt der Ministerpräsident von Brandenburg?

**3** Welche Parteien sind im Brandenburger Landtag vertreten?

Die fünf Merkmale einer demokratischen Wahl besprechen und nachvollziehen, dass auf jeder politischen Ebene das Volk über die Interessenvertretung mitbestimmen kann

S. 8/9, 16

# Wie wir mitbestimmen können

**1** Wähle Aufgaben aus. Forsche nach.

## 1 Wir möchten etwas verändern

Was möchtet ihr in eurer Schule/in eurem Ort verändern?
Schreibt eine Liste.

| Dringend verändern | In Zukunft |
|---|---|
| Klassenraum streichen | Kletterwand |
| ... | ... |

## 2 Pläne umsetzen

Was könnt ihr tun, um eure Anliegen öffentlich zu machen?
Diskutiert in der Gruppe. Probiert eine Möglichkeit aus.

## 3 Wir fragen nach

Was möchtet ihr über die Arbeit des Bürgermeisters erfahren?
Erstellt einen Fragenkatalog.

Wir fragen den Bürgermeister

Warum wollten Sie Bürgermeister werden?
Was passiert auf einer Gemeinderatssitzung?
...



Möglichkeiten besprechen und ausprobieren, wie wir mitbestimmen können;
aktuelle Entscheidungsfindung verfolgen und ggf. daran partizipieren

**AH** S. 40/41 S. 4/5, 16

# Wir brauchen Wasser

**Woher kommt unser Trinkwasser?**

Das Foto beschreiben; Zusammenhänge zwischen der Frage und der unteren Abbildung herstellen

# Kein Leben ohne Wasser

1 Jeder liest einen Text und schreibt Stichwörter auf.
Besprecht, warum Wasser für alle Lebewesen wichtig ist.

Alle Lebewesen brauchen Wasser: Pflanzen, Tiere und Menschen.

Pflanzen können mithilfe des Sonnenlichtes aus Wasser und Luft Nährstoffe herstellen, die sie zum Wachsen brauchen. Wasser ist auch notwendig, um in ihrem Innern lebensnotwendige Nährstoffe zu transportieren und zu verteilen. Das Wasser holen die Pflanzen mit ihren Wurzeln aus dem Boden. Wenn wir Pflanzen essen, nehmen wir das darin enthaltene Wasser mit auf.

Ohne Wasser könnten Tiere und Menschen keine Nahrung verdauen. Das Wasser transportiert die Nährstoffe und sorgt dafür, dass „Abfallstoffe" wieder aus dem Körper ausgeschieden werden. Auch durch Atmen und Schwitzen wird Wasser abgegeben.
Es ist also sehr wichtig, ausreichend zu trinken. Ein Elefant benötigt 100–150 Liter Wasser am Tag.

Ein großer Teil unseres Körpers besteht aus Wasser, denn es ist in allen unseren Körperzellen vorhanden. Auch unser Blut könnte ohne Wasser nicht fließen. Man sagt: Der Mensch kann drei Wochen ohne Nahrung überleben, aber nur drei Tage ohne Wasser.



Sich bewusst machen, dass alle Lebewesen Wasser brauchen und Wasser (fast) überall enthalten ist (z. B. Körper, Nahrung)

## Genug Wasser für alle?

**2** Wasser gibt es genug?
Findet heraus, was die Texte und Bilder darüber erzählen.

Etwa 700 Millionen Menschen haben keinen Zugang zu sauberem Trinkwasser. Oft müssen sie täglich viele Kilometer zu Fuß gehen, um Trinkwasser zu holen. In vielen Ländern Afrikas ist das Aufgabe der Frauen und Mädchen.

2,4 Milliarden Menschen haben keine Toiletten (sanitäre Anlagen). Das Abwasser fließt durch offene Gräben und wird nicht geklärt. Das hat schlimme Folgen. Jedes Jahr sterben über zwei Millionen Menschen, weil sie nicht genug Wasser bekommen oder verschmutztes Wasser trinken.

Fabriken und Bergbauunternehmen nutzen Wasser. Manchmal leiten sie dieses Wasser ungeklärt wieder ab.

Manche Flüsse und Seen werden zu Müllhalden verschmutzt. Auch an Ufern und Stränden sammeln sich Abfälle.

### MITMACHEN UND NACHDENKEN

**3** Findet heraus: Wie viel Wasser sollte ein Mensch täglich trinken?

**4** Der Zugang zu sauberem Wasser und der Zugang zu sanitären Anlagen sind Menschenrechte. Sind sie verwirklicht? Begründe deine Meinung.

## Unser Wasserverbrauch

**1** Die Grafik zeigt den täglichen Wasserverbrauch einer Person in einem deutschen Haushalt. Werte die Grafik aus.

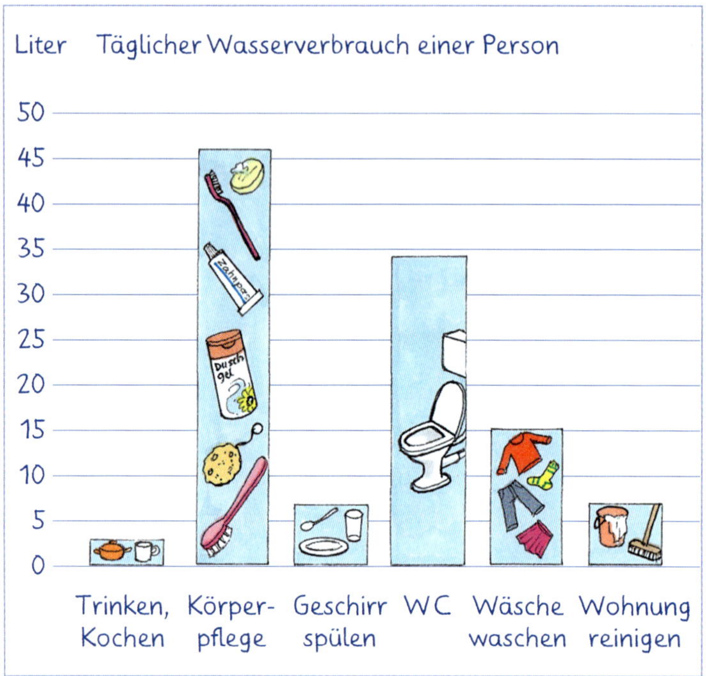


Wasser wird nicht nur getrunken. Wir benutzen es auch zum Waschen, Kochen, Putzen, Duschen, für die Toilette und einiges mehr. In Deutschland sind alle Haushalte an ein Netz angeschlossen, das uns mit sauberem Wasser versorgt. Ein zweites Netz transportiert gebrauchtes Wasser ab, zum Beispiel Spül- oder Duschwasser. Jede Person in Deutschland verbraucht so 120 Liter am Tag. Das ist die Menge von 12 großen Eimern. Das meiste davon ist Wasser, das man auch trinken könnte.

**2** Wofür wird Wasser noch genutzt? Erzähle.

**Lebensraum für Pflanzen und Tiere**
Nahrungsquelle

**Landwirtschaft**
Bewässerung von Feldern

**Erholungs- und Freizeitraum**
Gesundheit/Sport

**Energielieferant**
Wasserkraftwerke

**Betriebswasser**
Fabriken/Industrie

**Heilmittel**
Thermalbäder

**Kühlmittel**
Industrie

**Transport**
Schifffahrt



Über täglichen Wasserverbrauch (Haushalt) und Wasserverschwendung sprechen; weitere Beispiele für Wassernutzung ausführen (z. B. Erholungsraum, Produktion)

S. 6/7, 16

## Versteckter Wasserverbrauch

Die Industrie und die Landwirtschaft verbrauchen den größten Anteil des Wassers. Denn für die Herstellung sehr vieler Produkte, wie Lebensmittel, Kleidung und technische Geräte, wird eine große Menge Wasser benötigt. Dieses Wasser wird auch „virtuelles Wasser“ oder „verstecktes Wasser“ genannt, da der Wasserverbrauch für uns nicht direkt sichtbar ist. Jede Person in Deutschland verbraucht so zusätzlich zum normalen Verbrauch noch rund 4000 Liter virtuelles Wasser pro Tag.

### Beispiel: Produktion eines T-Shirts

1

Ein T-Shirt besteht aus Baumwolle. Baumwolle ist eine Pflanze. Die Pflanzen müssen bewässert werden.

2

Die Baumwolle und die aus ihr gefertigten Stoffe werden mit Wasser gereinigt. Auch beim Färben wird Wasser verbraucht.

3

Am Ende wurden für das T-Shirt etwa 2700 Liter Wasser verbraucht.

Bei einer Jeans sind es 10800 Liter.

### MITMACHEN UND NACHDENKEN

**3** Stell dir vor: Wegen Bauarbeiten wird bei dir zu Hause das Wasser drei Tage abgestellt. Was ist jetzt nicht mehr möglich?

**4** Zähle, wie viele T-Shirts oder Jeanshosen du besitzt. Rechne aus, wie viel virtuelles Wasser dafür verbraucht wurde.

Am Beispiel der Produktion eines T-Shirts unseren „virtuellen“ Wasserverbrauch erkennen; nachvollziehen, dass viel mehr Wasser verbraucht wird, als direkt für uns ersichtlich ist

AH S.42/43 S.8/9

# Trinkwasser und Abwasser

**1** Erkläre mithilfe der Abbildungen die Gewinnung von Trinkwasser oder die Reinigung von Abwasser.
Wähle das entsprechende Schema aus.

## Gewinnung des Trinkwassers aus Grundwasser

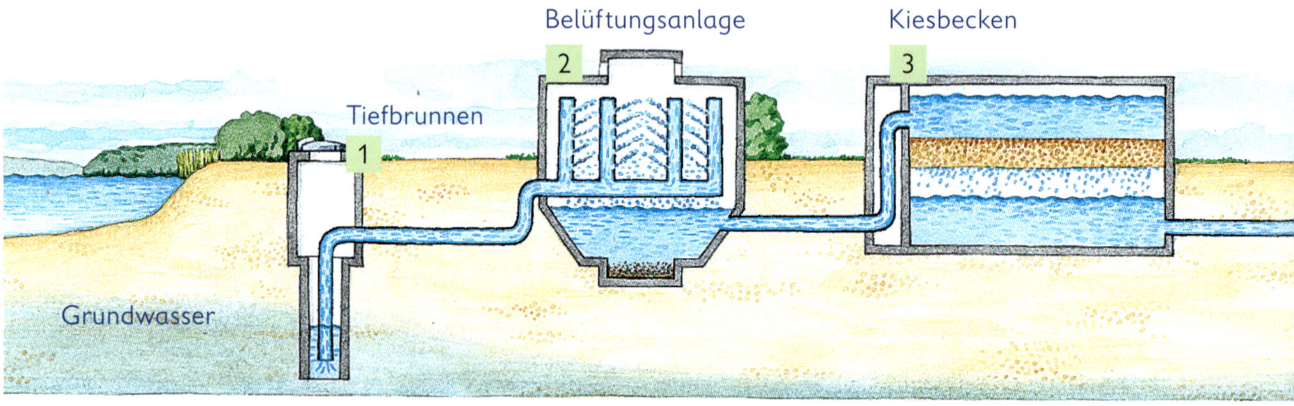


1 Grundwasser wird in Tiefbrunnen gesammelt und mit Pumpen nach oben befördert.

2 Im Wasserwerk wird das Wasser belüftet. Dabei verbinden sich schädliche Stoffe zu Flocken.

3 Das Wasser läuft zur Reinigung durch Kiesschichten. Darin werden die Flocken aufgefangen.

## Reinigung von Abwasser

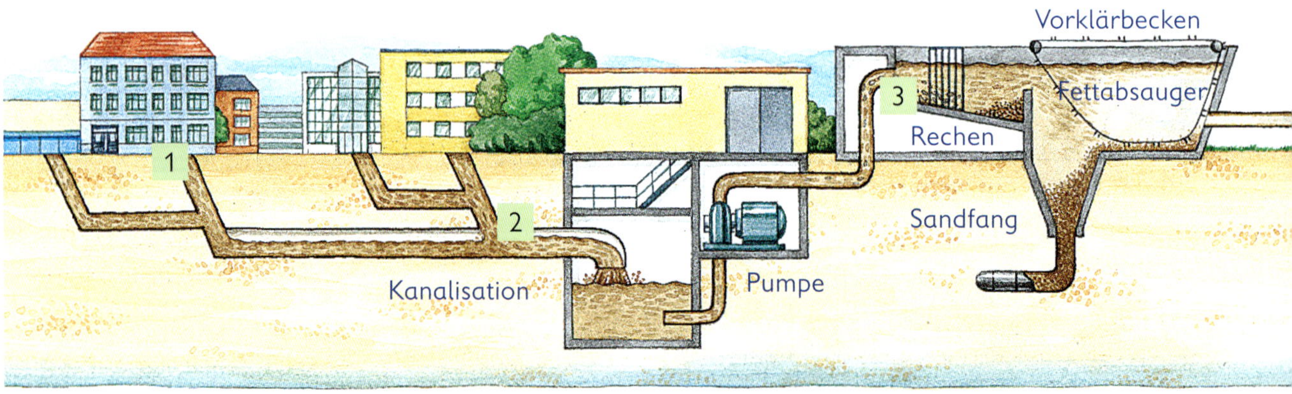


1 Abwasser aus den Gebäuden fließt durch Abwasserrohre und Regenwasser von den Straßen durch Gullys in die Kanalisation.

2 Unter den Straßen werden die Abwässer in der Kanalisation gesammelt und in ein Klärwerk geleitet.

3 An einem **Rechen** bleiben zuerst Holz, Papier und grobe Teile hängen. Danach setzt sich Sand ab. Hier werden auch Fette von der Oberfläche abgesaugt.

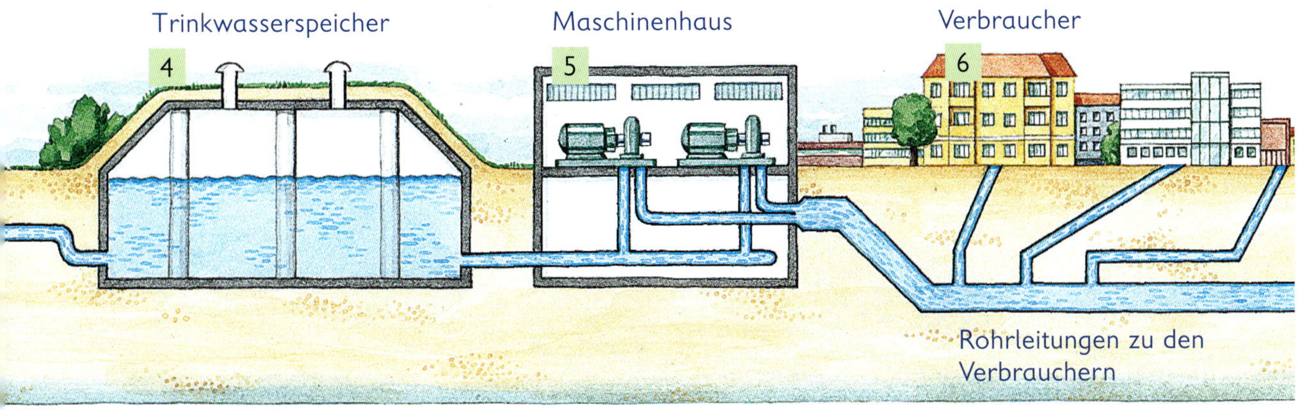


**4** Sauberes Trinkwasser wird in Reinigungsbehältern gespeichert und bei Bedarf abgegeben.

**5** Trinkwasserpumpen pumpen das Wasser durch Rohrleitungen zu den Verbrauchern.

**6** Die Verbraucher müssen das Trinkwasser bezahlen. Wasseruhren zählen den Wasserverbrauch in jeder Wohnung.

**4** In einem Belüftungsbecken werden dem Wasser viel Sauerstoff und Bakterien zugesetzt. Die Bakterien „fressen“ die restlichen Schmutzteilchen.

**5** Im Nachklärbecken sinkt der Schlamm mit den Bakterien zu Boden. Der Schlamm mit den Bakterien fließt wieder in das Belüftungsbecken.

**6** Nun ist das Wasser so sauber, dass es wieder in Seen oder Flüsse eingelassen werden kann.

# Wasser hat viele Eigenschaften

**1** Lies die Texte.
Welche Eigenschaften hat Wasser? Finde weitere Beispiele.

Wasser ist farblos, geruchlos, geschmacklos und fühlt sich weich und nass an.
Es kann warm oder kalt sein.

Wasser kann gefrieren, verdampfen und sieden.

Es ist flüssig: Wasser

Es ist fest: Eis

Es ist gasförmig: Wasserdampf

Wasser bildet an der Oberfläche eine unsichtbare Haut.
Der Wasserläufer kann auf dem Wasser laufen, ohne einzusinken.

Wasser trägt.
Ein Schiff kann schwimmen.

Wasser ist ein gutes Transportmittel.
Pflanzen können ihre Nährstoffe aus dem Boden nur in Wasser gelöst aufnehmen.

Im Wasser breiten sich Schallwellen aus.
Wale hören ihre Walgesänge untereinander hunderte Kilometer weit.

Wasser ist ein Lösungsmittel.
Zucker löst sich in Wasser auf.

Wasser dehnt sich aus, wenn es gefriert.
Gefrierendes Wasser kann Straßenschäden verursachen.

Wasser hat Kraft.
In Wasserkraftwerken werden Turbinen durch fließendes Wasser angetrieben.

Die Eigenschaften des Wassers besprechen (Was und wie ist Wasser?): u.a. Geschmack, Farbe, Geruch, Auftrieb, akustische Leitfähigkeit, Aggregatzustände, Löslichkeit von Stoffen, Anomalie des Wassers

S. 6/7, 16

## Wasser hat Kraft

**2** Vergleiche Wasserrad und Wasserkraftwerk.

Bis vor 300 Jahren hatten die Menschen drei wichtige Energiequellen, um Arbeit zu verrichten:

- die eigene Muskelkraft und die Kraft ihrer Tiere,
- die Kraft des Wassers und
- die Kraft des Windes.

Um Wasserkraft zu nutzen, baute man an Bächen und Flüssen Wasserräder.

Bei diesem Mühlrad fließt das Wasser über eine Rinne in geschlossene Zellen. Das Gewicht des Wassers drückt das Mühlrad herunter. Es beginnt sich zu drehen. Aus der Fließbewegung des Wassers wird die Drehbewegung des Mühlrades. Das Mühlrad wiederum treibt Mühlsteine, große Hämmer oder Sägen an.

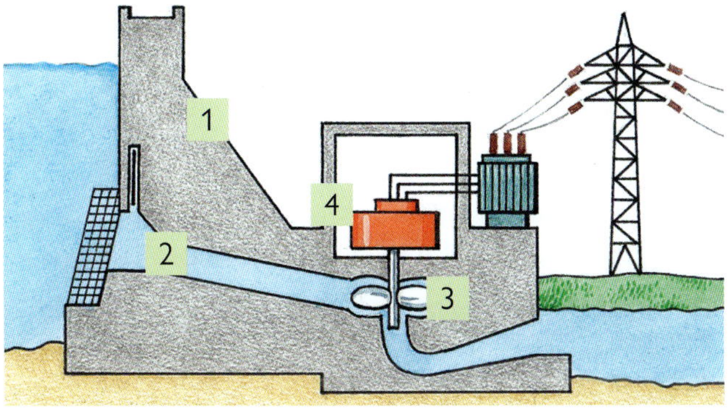


In Wasserkraftwerken wird die Energie des strömenden Wassers in elektrische Energie umgewandelt. Das Wasser wird hinter einer Staumauer 1 aufgestaut und gespeichert. Durch eine Rohrleitung 2 fließt es mit hohem Druck durch eine **Wasserturbine** 3. Diese treibt einen Generator 4 an und erzeugt Strom.

**LEICHTER LERNEN**

**Schlüsselwörter auswendig lernen**

- Lies den Text, schau die Zeichnung an.
- Wenn du sie verstanden hast, merke dir nur wichtige Wörter, die Schlüsselwörter.
- Dann kannst du den Inhalt leicht wiedergeben.

**MITMACHEN UND NACHDENKEN**

**3** Entdecke Wasser mit allen Sinnen. Gestalte ein Entdeckertagebuch.

**4** Baue ein einfaches Wasserrad.

# Was Wasser kann

Die verschiedenen Wörter beschreiben, durch welche Vorgänge sich Wasser verwandelt.

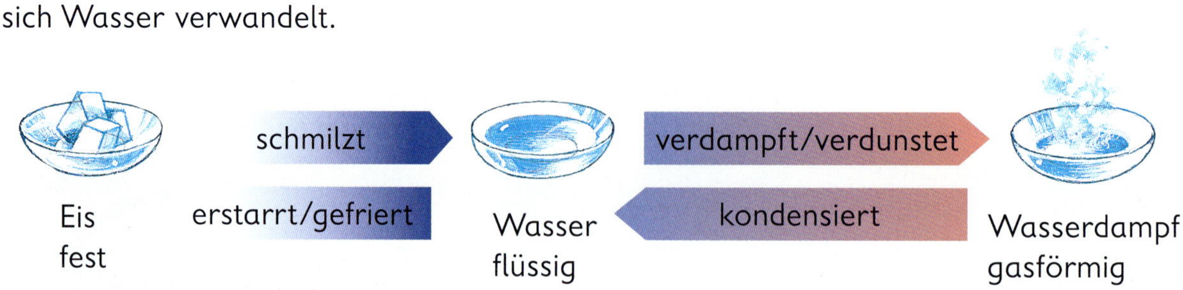


**1** Probiere selbst aus. Schreibe zu diesem Experiment ein Protokoll.

## Wasser verwandelt sich

**EXPERIMENT**

Ihr braucht: Kühlschrank, Eiswürfel-Behälter, Wasserflasche, Teller, Wasser

Geht so vor:

1 Füllt Wasser in einen Eiswürfelbehälter und stellt ihn ins Eisfach.

2 Legt fünf Eiswürfel auf einen Teller. Seht nach einiger Zeit nach.

3 Stellt den Teller in die Sonne oder auf die Heizung. Beobachtet.

4 Stellt eine kalte Flasche auf den Tisch. Beobachtet.

Vermutet: Was passiert? Begründet eure Vermutung.

**2** Wasser ist ein Lösungsmittel. Betrachte die Bilder und berichte, wie hier Wasser als Lösungsmittel genutzt wird.

Wasser betrachten und erforschen (Aggregatzustände, Löslichkeit);
Versuch zum Gefrieren, Schmelzen, Verdunsten und Kondensieren durchführen

S. 12/13

### Gegenstände schwimmen, schweben und sinken

**EXPERIMENT**

Ihr braucht:

- ein großes Glasbecken (Aquarium), Wasser
- eine leere Plastikflasche mit Deckel

Geht so vor:

- Legt die leere Flasche ins Wasser, drückt sie unter Wasser und lasst sie los.
- Füllt die Flasche voll und legt sie erneut ins Wasser.
- Füllt die Flasche jetzt nur halb voll und legt sie ins Wasser.
- Notiert das Ergebnis zu jedem einzelnen Schritt. Versucht, es zu erklären.

Gerade habt ihr eine wissenschaftliche Entdeckung gemacht: Die leere Plastikflasche lässt sich schwer unter Wasser drücken. Sie steigt immer wieder auf und schwimmt. Die volle Plastikflasche sinkt. Die teilweise gefüllte Plastikflasche schwebt im Wasser. Aber warum?

Der griechische Mathematiker, Physiker und Ingenieur Archimedes fand das schon vor über 2000 Jahren heraus:

Jeder Gegenstand, der in Wasser eintaucht, verdrängt mit der Kraft seines Gewichtes Wasser. Zugleich aber drückt das verdrängte Wasser mit seiner Kraft den Gegenstand wieder nach oben. Man sagt, der Gegenstand erhält Auftrieb.

**INTERESSANT**

Denkmal von Archimedes (geboren um 285 vor unserer Zeitrechnung)

### MITMACHEN UND NACHDENKEN

**3** Lies auf einer Mineralwasserflasche, welche Mineralstoffe in dem Wasser gelöst sind. Schreibe sie ab.

**4** Probiere aus, welche Stoffe sich in Wasser lösen. Lege eine Tabelle an.

| Stoff | löst sich | löst sich nicht |
|---|---|---|
| Zucker | X | |
| Reis | | X |
| ... | | |

**5** Markiere mit einem Klebestreifen vor dem Baden zu Hause den Wasserstand in der Badewanne. Steige dann in die Wanne und markiere wieder. Was passiert?

# Kostbares Trinkwasser

1 Wähle Aufgaben aus. Forsche nach.

## 1 Durstige Pflanzen

Stelle eine weiße Blume in eine Vase mit etwas Wasser. Gib den Inhalt einer Tintenpatrone hinzu.

Was kannst du nach einiger Zeit beobachten? Berichte und erkläre.

## 2 Wasser sparen

Schreibe in eine Tabelle, wie du Wasser sparen kannst.

Erkundige dich auch im Internet unter: www.klassewasser.de

| Wasser sparen | |
|---|---|
| Wobei? | Wie? |
| Zähneputzen | |
| Händewaschen | |
| Duschen/Baden | |
| Abwaschen | |
| | |

## 3 Wasser für alle

Gestaltet gemeinsam eine Wandzeitung mit dem Thema „Wasser für alle“.

Nutzt Kindersuchmaschinen, zum Beispiel www.fragFINN.de

Pflanzenversuch durchführen (Wasser ist ein Transportmittel für Nährstoffe); sich zum Umgang mit Wasser positionieren; Sparsamkeit anregen; auf Wassermangel in der Welt aufmerksam machen

AH S. 42/43 S. 2/3

# Früher und heute

# Aus dem Geschichtsbuch

**1** Erzählt zur Geschichte des Landes Brandenburg.

### Von den Anfängen

Vor über 1500 Jahren wanderten **slawische** Stämme in das damals fast menschenleere Gebiet ein. Sie errichteten an der Havel die „Brendanburg“, einen slawischen Burgwall. In diesem Gebiet liegt heute die Stadt Brandenburg.

Immer wieder versuchten deutsche Fürsten, das Land zu erobern. Sie errichteten sogenannte „Marken“ im Slawenland, was Grenzregion oder Grenzland bedeutet. Daher trägt Brandenburg bis heute den Beinamen „Mark“. Die endgültige deutsche Besiedlung begann im Jahr 1134 durch den Grafen Albrecht den Bären.

> **LEICHTER LERNEN**
>
> **Informationen mit eigenen Worten wiedergeben**
> - Lies den Text mehrmals.
> - Teile ihn in kleine Abschnitte ein.
> - Schreibe zu jedem Abschnitt wichtige Wörter auf.
> - Nutze die Wörter, um den Text nachzuerzählen.

### Zur Entwicklung

1157

**Geburt der Mark Brandenburg**
Albrecht der Bär erobert die Burg Brandenburg. Dies gilt als die Geburtsstunde der Mark Brandenburg. Albrecht der Bär nennt sich von nun an Markgraf von Brandenburg. Um die Mark auszubauen, holt er erfahrene Handwerker und Bauern ins Land.

12. Jahrhundert (Jhd.) | 13. Jhd. | 14. Jhd. | 15. Jhd. | 16. Jhd.

**Klöster entstehen**
Mit der Gründung von Klöstern kommen tatkräftige Mönche in die Mark. Sie legen das umliegende Sumpfland trocken und verwandeln es in fruchtbares Land. Sie errichten Mühlen, bauen Wein an, bestellen Äcker und züchten Vieh. Schon bald gelten sie als Vorbilder für die wirtschaftliche Entwicklung des Landes.

1345

**Stadtrecht für Potsdam**
Es entstehen viele Städte und Dörfer, die wir heute noch kennen, zum Beispiel Prenzlau und Frankfurt/Oder. 1345 erhält Potsdam das Stadtrecht. Ein wichtiges Stadtrecht ist es, die **Rechtsprechung** der Bürger zu übernehmen und auszuführen.

### Schleppender Wiederaufbau

Der Dreißigjährige Krieg (1618–1648) hat das Land schwer zerstört.
Die Bevölkerung ist durch Verwüstungen und Krankheiten stark geschrumpft. Viele Menschen sind geflohen. Überall herrscht Armut und Not.
Erst unter dem „Großen Kurfürst“ Friedrich Wilhelm (1640–1688) erholt sich das Land langsam. Zum Beispiel bringt er ausländische Fachkräfte ins Land, um es wieder aufzubauen.

### Aus Mark wird Provinz – aus Provinz wird Land

**1815**

Aus der Mark Brandenburg wird die neu gegründete Provinz Brandenburg. Bis zum Jahr 1918 gehört sie zum Königreich Preußen und bis 1934 zum Freistaat Preußen. Mit der Auflösung Preußens 1947 geht die Provinz Brandenburg im Land Brandenburg auf.

### Industrielle Revolution

Die **Industrielle Revolution** in Deutschland ist für Brandenburg kein großer Vorteil. Das Land besitzt keine bedeutenden Rohstoffe wie Steinkohle oder Eisen. Dafür wird aber seine **Agrarindustrie** wichtig. Auch die Braunkohleförderung hilft dem Land beim wirtschaftlichen Aufschwung.

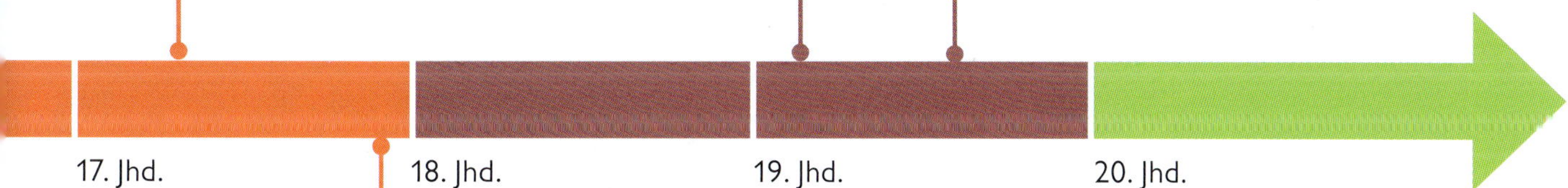


### Die Mark Brandenburg wächst

Von 1688 bis 1713 steigt die Einwohnerzahl der Mark Brandenburg wieder auf mehr als 730 000. Die Zahl der Städte steigt auf 120. In den Städten Brandenburg an der Havel und Frankfurt/Oder leben nun 10 000 Einwohner.

## MITMACHEN UND NACHDENKEN

**2** Wann wurde dein Heimatort gegründet? Frage nach.

# Geteiltes Land – wiedervereintes Land

**1** Was erfährst du über:

- die DDR,
- den Mauerbau,
- den Mauerfall,
- die **Wiedervereinigung**?

**Kriegsende**
1945 ist der Zweite Weltkrieg zu Ende. Die Deutschen haben den Krieg verloren. Die drei Siegermächte USA, Sowjetunion und Großbritannien sowie Frankreich teilen Deutschland in vier Besatzungszonen auf. Berlin wird ebenfalls in vier Sektoren aufgeteilt.

**Flucht von Ost nach West**
Viele Bürgerinnen und Bürger der DDR wollen lieber in der Bundesrepublik leben. Die BRD ist ein demokratischer Staat. Dort sind die Lebensbedingungen gut und die Menschen haben mehr Freiheiten als in der DDR. Daher fliehen jedes Jahr Tausende heimlich von Ost nach West. Von der Gründung der DDR bis zum Juni 1990 verlassen über 3,8 Millionen Menschen den Staat.

Blick über die Berliner Mauer auf den Potsdamer Platz

1945 • • • • 1950 • • • • 1955 • • • • 1960 • • • • 1965 • • • • 1970 •

**Gründung BRD und DDR**
1949 entsteht aus den von den USA, Großbritannien und Frankreich besetzten Gebieten im Westen des Landes die Bundesrepublik Deutschland (BRD). Das Gebiet im Osten, das die Sowjetunion besetzt hat, wird zur Deutschen Demokratischen Republik (DDR). Berlin wird in West-Berlin und Ost-Berlin aufgeteilt.

**Mauerbau**
Weil so viele Menschen die DDR verlassen, um im Westen zu leben, schließt die DDR-Regierung 1961 die Grenzen zur BRD.
In Berlin wird eine hohe Mauer gebaut. Eine Flucht ist jetzt fast unmöglich. Viele Menschen werden bei Fluchtversuchen verhaftet oder sogar erschossen.



Am Geschichtsfries die Teilung und Entwicklung Deutschlands in zwei Staaten erläutern; Quellen (Texte, Foto) untersuchen

Bewohner aus West- und Ost-Berlin stehen auf der Mauer und feiern die Grenzöffnung

**INTERESSANT**

Mit dem Ausruf „Wir sind das Volk!“ forderten die Teilnehmer der friedlichen Demonstrationen die Selbstbestimmung des Volkes.

**Fall der Mauer**
Nach langen Protesten der Bürgerinnen und Bürger der DDR für bessere Lebensbedingungen und demokratische Grundrechte wie **Reise-**, **Meinungs-** und **Pressefreiheit**, kann die DDR-Führung nicht mehr standhalten.
Am 9. November 1989 öffnet sie die Grenze nach West-Berlin und zur BRD. Die Mauer ist nach 28 Jahren gefallen und wird bald abgerissen.

**Hauptstadt Berlin**
Seit 1991 ist Berlin die Hauptstadt Deutschlands.
Das neue Regierungsviertel entsteht.

Am heutigen Potsdamer Platz: Mauerreste und Informationstafeln über die DDR

1975 • • • • 1980 • • • • 1985 • • • • 1990 • • • • 1995 • • • • 2000 bis heute

**Wiedervereinigung**
Am 3. Oktober 1990, knapp ein Jahr nach dem Mauerfall, tritt die DDR der BRD bei. Nach 41 Jahren Teilung ist Deutschland wieder vereint.
Auf dem Gebiet der ehemaligen DDR werden die neuen Bundesländer gegründet. Seither feiern wir am 3. Oktober den „Tag der deutschen Einheit“ als Nationalfeiertag der Bundesrepublik Deutschland.

## MITMACHEN UND NACHDENKEN

**2** Ladet Zeitzeugen in die Klasse ein. Lasst euch aus diesen Jahren erzählen.

# Besonderheiten entdecken

1 Wähle Aufgaben aus. Forsche nach.

## 1 Berühmte Persönlichkeiten aus dem Land Brandenburg

- Von welcher berühmten Persönlichkeit könnte ein Bild in diesem Bilderrahmen stehen?
- Warum ist die Person berühmt?
- Stelle die Person in der Klasse vor.

Du kannst das Internet nutzen.
Suche unter dem Stichwort „Brandenburger Köpfe“.

## 2 Die East-Side-Gallery

Direkt an der Spree steht das längste noch ganz erhaltene Stück der Berliner Mauer. Es ist die East-Side-Gallery. Sie ist 1,3 Kilometer lang. Kurz nachdem die DDR-Regierung im Jahr 1989 die Grenzen geöffnet hat, wurde das Stück Mauer von 118 Künstlern aus 21 Ländern bemalt.

- Was hättest du auf die Mauer gemalt?
- Male ein Bild, das für dich Freiheit symbolisiert.

Besonderheiten des jeweils anderen Bundeslandes (Brandenburg: berühmte Persönlichkeiten – Berlin: East-Side-Gallery) herausarbeiten; Bezug nehmen auf die Geschichte seit 1989

S. 2/3

# Mit dem Fahrrad unterwegs

**Wie komme ich sicher mit dem Fahrrad von einem Ort zum anderen?**

## Sicher unterwegs

- Kinder bis acht Jahre müssen immer auf dem Gehweg fahren.
- Kinder bis 10 Jahre dürfen noch auf dem Gehweg fahren.
- Kinder ab dem zehnten Geburtstag müssen auf dem Radweg oder der Straße fahren.

1 Was gehört zu einem verkehrssicheren Fahrrad?
Zeige und benenne die Teile an einem originalen Fahrrad.

1

*auch akku- oder batteriebetrieben

2 Alle Teile an deinem Fahrrad müssen funktionieren.
Nur dann ist es betriebssicher.

Die Kette muss straff gespannt sein, sonst kann sie abspringen.

Der Bremshebel darf selbst bei starkem Bremsen nicht den Lenkergriff berühren. Er darf sich auch nicht zu leicht bewegen.

Die Reifen fest aufpumpen. Sie müssen genug Profil haben.

Sattel und Lenker sind richtig eingestellt, wenn deine Füße beim Absteigen den Boden gerade noch berühren. Alle Schrauben müssen fest angezogen sein.



Kenntnisse zur Verkehrssicherheit als Radfahrer gewinnen; ein verkehrssicheres und betriebssicheres Rad beschreiben

AH S.52

2 Was bedeuten die Verkehrszeichen. Besprecht eure Lösungen.

### 3 Halt. Vorfahrt gewähren! 

Wenn Verkehrszeichen die Vorfahrt regeln, ist die Regel „rechts vor links“ aufgehoben: Bei diesem Zeichen müssen Fahrzeuge immer an der Haltelinie anhalten, auch wenn von links und rechts kein Fahrzeug kommt.

- Wann dürfen sie weiterfahren?

### 4 Fußgängerüberweg 

Alle Fahrzeuge müssen vor dem Überweg anhalten, wenn ein Fußgänger den Übergang erkennbar benutzen möchte.

- Was ist zu beachten, wenn du als Radfahrer diesen Übergang benutzt?

### 5 Vorrang des Gegenverkehrs 

Auf dem Bild ist eine Arbeitsstelle zu sehen. Das Zeichen gibt an: Der Gegenverkehr hat Vorrang.

- Wer darf hier zuerst fahren?

### 6 Wer hat Vorfahrt? 

Wie fahrst du heran?

- Ich fahre langsam, denn ich muss den Fahrzeugen innerhalb des Kreisverkehrs die Vorfahrt lassen. Ich achte auf sie beim Einfahren und warte, bis es eine Lücke gibt.
- Ich fahre schnell, wenn ich von rechts komme, denn dann habe ich die Vorfahrt.

**LEICHTER LERNEN**

### Lernerfolge belohnen

- Du hast dich in der Schule angestrengt und eine gute Leistung erreicht.
- Dann belohne dich mit etwas, das du magst.
- Mach dir eine Liste, womit du dich belohnen kannst.

# Auf dem Weg

1 Besprecht: Wer hat Vorfahrt? Wer muss warten?

7 An manchen Kreuzungen oder **Einmündungen** gibt es keine Ampeln oder Verkehrszeichen.
Hier gilt die Vorfahrtsregel „rechts vor links".
Dies bedeutet: Wer von rechts kommt, hat Vorfahrt.
Ausnahmen sind Wald- oder Feldwege sowie Einfahrten.

8 Ein parkendes Fahrzeug oder eine Baustelle versperren den Weg.

Du musst beim Vorbeifahren deine Fahrspur verlassen.

- a Auf den Gegenverkehr achten.
- b Schulterblick über die linke Schulter: Ist die Straße frei?
- c Handzeichen nach links.
- d Am Hindernis vorbeifahren.
- e Handzeichen nach rechts, einordnen.

9 Wenn eine Straßenbahn an einer Haltestelle anhält, musst du als Radfahrer auch stehen bleiben.

Auf der Straße: Vorfahrtsregel „rechts vor links" anwenden; das Umfahren eines Hindernisses erklären; Verhalten an Straßenbahn-Haltestellen vertiefen

10 Das Linksabbiegen ist schwierig und gefährlich.
Schau dir an, wie es richtig geht.

1 Schulterblick über die Schulter: Ist die Straße frei?

2 Handzeichen nach links geben.

3 In die linke Fahrspur einordnen.

4 Vorfahrt beachten.

5 Auf den Gegenverkehr achten. Fahrzeuge vorbeilassen.

6 Nochmals umsehen.

7 Abbiegen.

8 Auf Fußgänger achten.

11 Diese Verkehrszeichen für Fahrradfahrer bedeuten:

Fußgänger und Radfahrer benutzen den Weg gemeinsam. Sei als Radfahrer stets bremsbereit.

Warte am Ende des Radweges, bis die Fahrbahn frei ist. Fahre dann zügig weiter.

## MITMACHEN UND NACHDENKEN

2 Wiederhole die acht Punkte, die du beim Linksabbiegen beachten musst.

3 Warum musst du als Fahrradfahrer stehen bleiben, wenn eine Straßenbahn an einer Haltestelle anhält?

# Was die Lampe zum Leuchten bringt

**1** Bringe eine Glühlampe zu Leuchten.

## Was bringt die Lampe zum Leuchten?

**EXPERIMENT**

Du brauchst:

- 1 kleine Glühlampe
- 1 Lampenfassung
- 2 Kabel
- 1 flache Batterie

**! Experimente mit Strom darfst du nur mit Batterien durchführen. Niemals mit Strom aus der Steckdose!**

Gehe so vor:

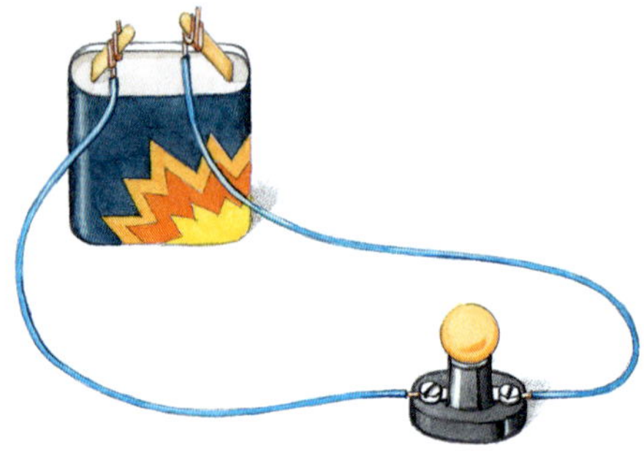

Eine Batterie ist ein Energiespeicher.
Wenn du im Experiment alles richtig angeschlossen hast, fließt elektrischer Strom von der Batterie durch eines der Kabel zur Lampe.

In der Lampe fließt Strom durch einen dünnen Glühfaden aus Metall und bringt damit die Lampe zum Leuchten. Durch das andere Kabel fließt der Strom wieder zurück zur Batterie. Man spricht daher auch von einem Stromkreis.

In den Stromkreis kann ein Schalter eingebaut werden. Mit einem Schalter kannst du den Stromkreis unterbrechen. So kann die Lampe ein- und ausgeschaltet werden.

Der Stromkreis
ist geschlossen.
Die Lampe leuchtet.

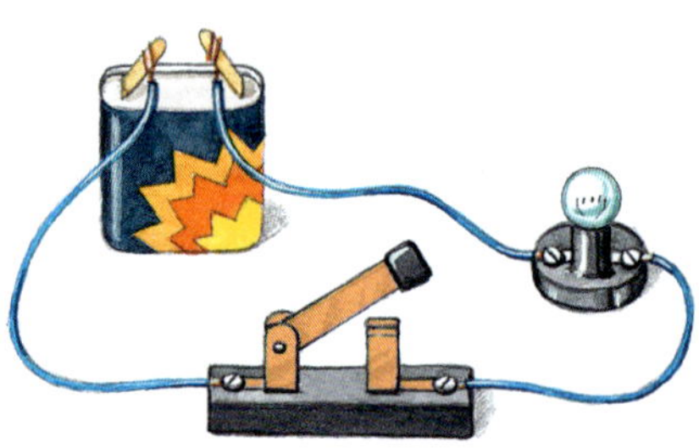

Der Stromkreis
ist offen.
Die Lampe leuchtet nicht.

Der elektrische Strom kann nicht durch alle Materialien fließen. Materialien, durch die Strom fließen kann, nennt man Leiter.
Materialien, durch die Strom nicht fließen kann, nennt man Nichtleiter.

**LEICHTER LERNEN**

**Sachen ausprobieren**

- Probiere aus, wie Sachen funktionieren, zum Beispiel eine Lampe. Dann kannst du die Funktion besser verstehen und auch erklären.

## Beleuchtung am Fahrrad

Viele ältere Fahrräder haben einen Dynamo. Er nutzt die Bewegung des Vorderrades, um Strom zu erzeugen. An dieser Lichtmaschine befindet sich ein kleines Rädchen, das sich mitdreht, wenn es an das Rad geklappt wird. Es sorgt dafür, dass sich im Inneren des Dynamos ein Magnet in einer Drahtwicklung dreht. Dadurch entsteht schließlich elektrische Energie. Neuere Fahrräder haben oft keinen Dynamo. Ihre Lampen werden von einem Akku oder einer Batterie betrieben.

**INTERESSANT**

**Alessandro Graf von Volta**

(1745–1827) war ein italienischer Physiker. Er forschte schon sehr früh zum Thema „Elektrizität" und baute die erste funktionierende Batterie.

**Werner von Siemens**

(1816–1892) war ein deutscher Erfinder und Unternehmer. Er baute den ersten Dynamo. Seine Idee ermöglichte auch den Bau von Elektromotoren.

**Eine Besonderheit am Fahrrad**
Der elektrische Strom wird durch ein Kabel zur Lampe geleitet, die nun leuchtet. Das zweite Kabel fehlt jedoch oft. Aber wie kann der Stromkreis geschlossen sein, wenn es nur ein Kabel gibt? Die Lösung: Der Fahrradrahmen besteht aus Metall. Er leitet den Strom wie ein Kabel zurück.

## MITMACHEN UND NACHDENKEN

**2** Nehmt in eurem Stromkreis ein Kabel heraus. Baut dafür einen Bindfaden, einen Papierstreifen und eine aufgebogene Büroklammer ein. Was stellt ihr fest?

**3** Diskutiert: Welche Vor- und Nachteile hat eine Fahrradbeleuchtung mit Dynamo? Welche Vor- und Nachteile haben Akkus oder Batterien?

**4** Die Lampe am Fahrrad funktioniert nicht. Welche Ursachen kann das haben?

Möglichkeiten der Beleuchtung am Fahrrad besprechen: Generator (Dynamo) und Speicher (Akku bzw. Batterie); der Entwicklung der Fahrradlampe nachgehen

**AH** S.54 S. 8/9, 12/13

# Verkehrsregeln üben

**1** Wähle Aufgaben aus. Forsche nach.

## 1 Mit dem Rad fahren

Übt im Verkehrsgarten oder in einem anderen sicheren Gelände.
Jede Übung wird bewertet:

Zügig anfahren, ohne zu wackeln.

**Sicher geradeaus fahren**
Zeichnet eine etwa 80 cm breite und etwa 3 m lange Gasse. Jeder fährt zügig an und bleibt in der Gasse.

Nach hinten sehen, dabei geradeaus weiterfahren.

**Schulterblick**
Schaut beim Durchfahren der Gasse nach hinten. Dort wird ein Schild hochgehalten. Was steht darauf?

Sicher mit einer Hand fahren.

**Mit einer Hand fahren**
Fahrt durch die Gasse: einmal nur mit der rechten und einmal nur mit der linken Hand am Lenker.

Bei Gefahr stark bremsen, ohne zu stürzen.

**Stark bremsen**
Stellt einen Kegel auf. Fahrt aus 10 m Entfernung darauf zu und bremst mit beiden Bremsen.

Im Verkehrsgarten üben oder Parcour auf dem Schulhof aufbauen und erproben: geradeaus fahren, Schulterblick, mit einer Hand fahren, bei Gefahr stark bremsen

S. 16

# Zum Nachschlagen

## Abgeordneter S. 61

Nicht alle Bürgerinnen und Bürger einer Gemeinde, eines Landes oder einer Gemeinschaft wie der Europäischen Union können gleichzeitig besprechen und entscheiden, welche Politik gemacht werden soll. Dafür sind es zu viele. Deshalb wählen sie in die jeweiligen Parlamente Menschen, die sie vertreten sollen. Das sind die Abgeordneten.

## Agrarindustrie S. 101

Die Agrarindustrie erzeugt und verarbeitet Getreide, Fleisch, Eier und andere landwirtschaftliche Produkte. Dies geschieht aber nicht auf kleinen Bauernhöfen, sondern in großen Anlagen, die mit Fabriken verglichen werden können. Auch sehr große Felder und viele Maschinen gehören dazu. Die Betriebe haben sich auf wenige Erzeugnisse spezialisiert, die sie aber in großen Mengen produzieren. Wenn Tiere gehalten werden, so geschieht dies in Form der Massentierhaltung.

## Amazonien S. 43

Amazonien ist ein Gebiet, das den nördlichen Teil Südamerikas bedeckt. Es wird vom Amazonas-Strom und seinen 1 000 Nebenflussen durchflossen und von tropischem Regenwald bedeckt.
Das Gebiet ist fast so groß wie der Kontinent Australien. Deutschland würde etwa 20-mal hineinpassen.

## Amt, amtlich S. 82

„Amt“ ist ein anderes Wort für „Dienststelle“ oder „Behörde“. Ämter sind nötig, um zum Beispiel die verschiedenen Aufgaben einer Stadtverwaltung zu organisieren und zu erledigen (Ausweise ausstellen, Radwege planen, Müllabfuhr organisieren …). Wenn etwas amtlich gemacht wird, so ist es offiziell, gültig und genehmigt.

## App (Application) S. 20

Eine App ist ein Computerprogramm, das sich zum Beispiel auf einem Smartphone oder Tablet nutzen lässt. App ist die Abkürzung für „application“. Dieser Begriff kommt aus dem Englischen und bedeutet „Anwendung“. Es gibt viele verschiedene Apps für unterschiedliche Anwendungen: Nachrichten empfangen und schreiben, im Internet surfen, fotografieren, spielen, Tiere und Pflanzen bestimmen und vieles mehr.

## Äquator S. 58

Der Äquator ist eine gedachte Linie, die die Erde umspannt. Jeder Punkt auf dieser Linie ist gleich weit vom Nordpol und vom Südpol entfernt. Der Äquator teilt die Erde dadurch in eine Nord- und eine Südhalbkugel. In den Gebieten, die in der Nähe des Äquators liegen, ist es warm und feucht.

## Asyl S. 6

In vielen Ländern der Erde werden Menschen aus politischen, religiösen und anderen Gründen, wie zum Beispiel Kriege, verfolgt, bedroht oder sogar getötet. Sie müssen daher flüchten und bitten in anderen Ländern um Schutz. Die Aufnahme und der Schutz von verfolgten Menschen heißt Asyl und ist in der Verfassung der Bundesrepublik Deutschland festgelegt.

## Biosphärenreservat S. 75

Biosphärenreservate sind Gebiete, die erhalten bleiben sollen, zum Beispiel die Heidelandschaften mit ihren besonderen Pflanzen und Tieren. In diesen Gebieten sollen Menschen und Umwelt besser miteinander auskommen.
Die Menschen sollen also weiterhin dort leben und arbeiten, dabei aber mit der Natur schonend umgehen. Deshalb gibt es dort zum Beispiel für den Bau von Straßen oder Häusern besonders strenge Regeln.

**Bohrinsel S. 28**
Manchmal gibt es tief unter dem Meeresboden Erdöl oder Erdgas. Mithilfe von Bohrinseln kann man diese Vorkommen an die Oberfläche fördern. Es gibt verschiedene Bauarten. Bei einer festen Bohrinsel wird auf dem Meeresboden ein schwerer Sockel aus Beton errichtet, auf dem ein Gerüst steht. Über dem Meer befindet sich eine Plattform mit technischen Einrichtungen und Unterkünften für die Besatzung. Von hier aus wird dann mit einem sehr langen Bohrer in den Untergrund gebohrt.
Die größte jemals gebaute Bohrinsel ist 472 Meter hoch.

**Brettwurzel S. 43**
Die Baumriesen im Regenwald sind mit Brettwurzeln im Boden verankert. Diese Wurzeln bilden einzelne „Bretter" aus, die sternförmig um den Stamm herum stehen und ihn rundherum stützen. Sie können bis zu zehn Meter hoch werden, reichen dafür aber nicht sehr tief in den Boden hinein.

**demokratisch, Demokratie S. 85**
Demokratie bedeutet „Herrschaft des Volkes". In freien Wahlen wählen die Bürgerinnen und Bürger eines Staates Personen und Parteien, die sie vertreten und regieren sollen. Außerdem gehört zur Demokratie, dass alle Bürger die gleichen Rechte und Pflichten haben. Auch der Staat muss sich an die Regeln der Verfassung und an die Gesetze halten.

**Dokumentation, dokumentarisch, S. 10**
Eine Dokumentation beschreibt Dinge und Verhältnisse, wie sie wirklich sind. Sie ist anschaulich und klärt auf. Ihre Aussagen können belegt und bewiesen werden. Sie enthält nichts Ausgedachtes. Es gibt zum Beispiel dokumentarische Texte, Radiobeiträge, Ausstellungen und Filme. Vor allem bei Filmen wird manchmal auch das Kurzwort „Doku" verwendet.

**Deutscher Bundestag S. 62**
Der Deutsche Bundestag ist das Parlament der Bundesrepublik Deutschland. In ihm sitzen die Abgeordneten, die von den Bürgerinnen und Bürgern gewählt wurden. Die Abgeordneten haben die Aufgabe, die Bundeskanzlerin oder den Bundeskanzler zu wählen und die Arbeit der Regierung zu kontrollieren. Außerdem wirken sie bei der Gesetzgebung mit.

**Drogen S. 54**
Drogen wirken auf das Gehirn und die Nerven von Menschen. Manche lösen einen Rausch aus, andere machen wach oder betäuben. Drogen sind gefährlich, weil sie → süchtig und krank machen.

**Einmündungen S. 108**
Wenn eine Straße auf eine andere trifft und dort endet, dann handelt es sich um eine Einmündung. Sie unterscheidet sich also von einer Kreuzung, bei der beide Straßen fortgesetzt werden. Wenn bei einer Einmündung die Vorfahrt nicht durch ein Schild geregelt wird, gilt die Regel „rechts vor links".

**Fontäne S. 79**
Wenn ein Wasserstrahl senkrecht in die Höhe steigt, so ist das eine Fontäne. Vor allem bei Springbrunnen kann man Fontänen beobachten.

**geschlechtsreif S. 50**
Ein Mädchen, das geschlechtsreif ist, kann schwanger werden. Ein Junge ist geschlechtsreif, wenn er ein Kind zeugen kann.

**Hormone S. 50**
Hormone sind winzige Stoffe, die unter anderem in den Drüsen des Körpers (zum Beispiel in der Schilddrüse) entstehen. Hormone werden auch Botenstoffe genannt, weil sie Informationen transportieren. Auf diese Weise steuern sie viele Vorgänge in unserem Körper.

Zum Beispiel regeln sie den Aufbau von Muskeln und das Wachstum von Knochen. Sie beeinflussen sogar unsere Gefühle und wir empfinden dann zum Beispiel Angst oder Glück.

### Industrielle Revolution S. 101

Während der Industriellen Revolution im 18. und 19. Jahrhundert gab es einen bedeutenden Wandel in der Art und Weise, wie etwas hergestellt wurde. Erfindungen, wie zum Beispiel die Dampfmaschine, machten es möglich, Dinge günstig und in großer Anzahl in Fabriken herzustellen. Der technische Fortschritt hatte aber auch negative Folgen: Viele Menschen verließen das Land, um in Städten in Fabriken zu arbeiten. Dort gab es jedoch nicht genügend Wohnraum. Es gab keinen Arbeitsschutz und die Arbeitszeiten waren sehr lang. Kinderarbeit war weit verbreitet.

### Insekten S. 42

Insekten sind an ihrem dreigeteilten Körper gut zu erkennen: Kopf, Brust und Hinterleib. Außerdem haben sie immer sechs Beine. Viele Insekten haben auch Flügel. Am Kopf befinden sich Fühler, die auch Antennen genannt werden. Der Körper der Insekten ist von einem Panzer umgeben. Von keiner Tierart gibt es mehr Arten – bei Insekten sind es über eine Million.

### Intimsphäre S. 50

Die Intimsphäre ist der innerste Bereich eines Menschen mit seinen persönlichsten Gedanken und Gefühlen. Es ist der Bereich, über den der Einzelne meist nicht spricht oder den er nicht zeigt. Dazu gehören auch Dinge, die mit dem Körper zusammenhängen. Jeder bestimmt für sich allein, was genau zu seiner Intimsphäre gehört und wer einen Einblick darin haben darf. Die Intimsphäre ist bei jedem Menschen anders – und die anderen müssen sie respektieren.

### Klima S. 38

Das Klima beschreibt Temperaturen, Niederschläge, Windverhältnisse und andere Wettererscheinungen, die über einen langen Zeitraum in einem Gebiet herrschen. Dazu werden über viele Jahre Wetterdaten gesammelt und dann wird der jeweilige Durchschnitt berechnet. Nun lassen sich Gruppen bilden. Deutschland hat zum Beispiel ein gemäßigtes Klima: Die Länge eines Tages schwankt, es gibt Jahreszeiten, es regnet relativ viel, der Wind kommt oft aus dem Westen und über das ganze Jahr gesehen liegt die Lufttemperatur bei 8,2 °C.

### Küste S. 34

Der Streifen Land, der direkt ans Meer grenzt, wird Küste genannt. Es gibt verschiedene Arten von Küsten, zum Beispiel Flach- und Steilküsten.

### Landrätin/Landrat S. 85

Die Landrätin/der Landrat ist die Chefin/der Chef der Kreisverwaltung. Sie oder er muss den Kreistag informieren, die Sitzungen vorbereiten und die Beschlüsse des Kreistages ausführen. Sie oder er vertritt den Landkreis nach außen und oft wird erwartet, dass sie oder er zu besonderen Anlässen erscheint, zum Beispiel bei Festen, Jubiläen oder Eröffnungen. Die Landrätin/der Landrat wird in den meisten Fällen direkt von den Bürgerinnen und Bürgern des Landkreises gewählt. Die Amtszeit beträgt acht Jahre.

### Luftfeuchtigkeit S. 41

Die Luft, die uns umgibt, enthält Wasserdampf. Das ist die Luftfeuchtigkeit. Normalerweise ist der Wasserdampf nicht zu sehen. Wenn aber zum Beispiel die Brille beschlägt oder der Spiegel im Badezimmer, so handelt es sich dabei um Wasser, das vorher als Wasserdampf in der Luft war. Je wärmer die Luft ist, umso mehr

Feuchtigkeit kann sie aufnehmen. Ist die Luftfeuchtigkeit sehr hoch, nennt man das auch „schwül".

**Lufttemperatur S. 23**

Die Luft hat eine Temperatur. Sie hängt von der Sonnenstrahlung ab. Die Sonnenstrahlen erwärmen den Erdboden und der erwärmt die Luft darüber. Je mehr also die Sonne scheint, umso wärmer wird die Luft.

**Meeressäuger S. 30**

Meeressäuger sind Säugetiere wie Wale, Robben, Seekühe und Seeotter, die besonders gut an das Leben im Meer angepasst sind. Ihre Arme und Beine haben sich zu Flossen umgebildet. Manchmal fehlen die Beine sogar ganz, wie bei den Walen, die eine Schwanzflosse haben und nicht mehr an Land leben können. Alle Meeressäuger können hervorragend schwimmen und tauchen. Im Unterschied zu Fischen atmen sie aber mithilfe ihrer Lunge und müssen deshalb zum Luftholen an die Wasseroberfläche.

**Meteorit S. 15**

Gelangen Gesteinsbrocken aus dem Weltraum in den Bereich der Erde, so verglühen sie meistens in der Atmosphäre. Manche schlagen aber auch auf der Erdoberfläche auf. Diese werden dann Meteoriten genannt. Zum Glück sind Meteoriten meistens sehr klein, denn die größeren verursachen große Schäden.

**Mikroskop S. 52**

Das Wort „Mikroskop" setzt sich aus zwei griechischen Wörtern zusammen: „mikros" bedeutet klein und „skopein" betrachten. Mit einem Mikroskop kann man also sehr kleine Dinge, die wir mit bloßem Auge nicht sehen können, vergrößert betrachten. Dazu gibt es verschiedene Techniken.

**Mineralien S. 16**

Mineralien (auch Minerale genannt) gehören zum unbelebten Teil der Natur, sie stammen also nicht von einem Tier oder einer Pflanze. Es sind Stoffe, die nach einem Grundmuster aufgebaut sind und Kristalle mit gleichmäßigen Flächen und Kanten bilden. Beispiele hierfür sind Kochsalz, Eisen, Gips und auch Diamanten. Ein Gestein setzt sich meist aus mehreren Mineralien zusammen.

**Mittelalter S. 77**

Das Mittelalter ist ein bedeutender Zeitabschnitt in der Geschichte. Es begann etwa im Jahr 500 nach Christus und endete 1500 nach Christus. In dieser Epoche nahm die Bevölkerungszahl zu, das Christentum verbreitete sich in Europa, neue Städte und Burgen entstanden. Die Gesellschaft war streng geordnet: An der Spitze standen der König und die Adeligen. Darauf folgten Mönche und Ritter. Die unterste Stufe bildeten die Bauern. Die meisten Bauern waren nicht frei und sehr arm.

**Nagetier S. 42**

Nagetiere gehören zu den Säugetieren. Besonders auffällig sind ihre großen Schneidezähne, die ihnen aus dem Ober- und Unterkiefer wachsen. Diese Nagezähne sind besonders hart und wachsen ständig nach. Die Tiere können damit harte Schalen öffnen, Nüsse knacken oder sogar wie die Biber Bäume fällen. Nagetiere sind auf der ganzen Welt verbreitet und es gibt sehr viele verschiedene Arten. Daher unterscheiden sie sich auch in ihrem Aussehen und ihrer Lebensweise sehr stark voneinander, zum Beispiel Springmäuse, Gleithörnchen, Maulwurfsratten, Stachelschweine oder Pampashasen.

**Nahrungskette S. 30**

Von den meisten Pflanzen und Pilzen abgesehen muss jedes Lebewesen etwas fressen, um sich zu ernähren. Und fast jedes Lebewesen wird von einem anderen Lebewesen gefressen, das sich ebenfalls ernähren muss. So entsteht eine Nahrungskette. Zum Beispiel: Raupe frisst Blatt, Eidechse frisst Raupe, Vogel frisst Eidechse, Marder frisst Vogel. Eigentlich gibt es ganz viele Nahrungsketten, die sich auch verzweigen können: Auch ein Igel oder eine Amsel könnte die Raupe fressen. Daher wird manchmal der Begriff „Nahrungsnetz“ gebraucht.

**Partei S. 85**

Menschen, die ähnliche Meinungen haben oder ähnliche Ziele verfolgen, können einer politischen Partei beitreten oder eine Partei gründen. Bei Wahlen will jede Partei möglichst viele Stimmen erhalten. Denn dann hat sie im Parlament einen größeren Einfluss.

**Radarbild S. 21**

Mit einem speziellen Radargerät können Wolken gemessen werden. So wird festgestellt, wohin die Wolken ziehen und ob es regnen wird. Filme und Fotos vom Regenradar zeigt der Wetterdienst auch im Internet.

**Rechen S. 92**

Im Wasser schwimmen oft Äste, Kunststoffflaschen, Papier und anderer Müll. Dieses Treibgut kann Pumpen und Turbinen beschädigen und Rohre verstopfen. Um dies zu verhindern, werden in die Klärwerke und Wasserkraftwerke Rechen eingebaut, die das Treibgut aufhalten. Ein solcher Rechen ähnelt einem sehr großen Kamm. Das Wasser kann durch seine Zinken hindurchfließen, das Treibgut bleibt aber daran hängen.

**Rechtsprechung S. 100**

Der Begriff „Rechtsprechung“ hat unterschiedliche Bedeutungen. Hier ist damit gemeint, dass die Stadt – und nicht ein Landesherr oder der König – dazu befugt war, einen Prozess abzuhalten, um zum Beispiel einen Streit zu schlichten oder ein Verbrechen zu bestrafen.

**Reise-, Meinungs-, Pressefreiheit S. 103**

In freiheitlichen und demokratischen Staaten hat jeder Mensch grundsätzliche Rechte und Freiheiten, die nur in wenigen Ausnahmefällen eingeschränkt werden dürfen. Zu diesen Grundrechten gehören zum Beispiel die Reisefreiheit: Jeder darf sein Land verlassen und wieder dorthin zurückkehren; Meinungsfreiheit: Jeder hat das Recht, seine Meinung zu äußern – im Gespräch, in einem Text oder mit Bildern; Pressefreiheit: Jeder darf seine Meinung veröffentlichen und niemand darf einer Journalistin/einem Journalisten vorschreiben, über was sie oder er berichten soll und worüber nicht.

**Rekonstruktion S. 78**

Eine Rekonstruktion ist eine Nachbildung. Manchmal soll ein zerstörtes Gebäude, ein beschädigtes Kunstwerk oder eine andere Sache so aufgebaut oder wiederhergestellt werden, dass es dem ursprünglichen Zustand gleicht. Man sagt dann: Das Gebäude wird rekonstruiert.

**Satellit S. 21**

Ein Satellit ist ein Himmelskörper, der einen anderen Himmelskörper umkreist – wie der Mond die Erde. Es gibt aber auch künstliche Satelliten. Sie werden von Menschen gebaut und mit Raketen ins Weltall gebracht. Tausende von ihnen umkreisen die Erde. Mit ihrer Hilfe kann man zum Beispiel das Wetter beobachten oder die Erdoberfläche fotografieren.

**Slawen, slawisch, S. 100**

Die Slawen sind eine Gruppe von Völkern, die eine slawische Sprache sprechen, zum Beispiel Russisch, Polnisch, Serbisch oder Sorbisch. Auch in heute deutschen Gebieten lebten viele Slawen. Davon zeugen Reste von Befestigungsanlagen und andere Funde aus dem → Mittelalter. Zahlreiche Ortsnamen wie Buckow, Seelow und Berlin gehen auf slawische Siedler zurück. In Deutschland lebt in der Lausitz noch heute das Volk der Sorben, das seine slawische Tradition pflegt.

**Staat S. 60**

Der Begriff „Staat" hat mehrere Bedeutungen. Man kann zum Beispiel sagen:
Wenn viele Menschen in einem bestimmten Gebiet leben, so ist dies ein Staat. Meistens haben sich die Menschen in einem Staat eigene Gesetze gegeben und sie grenzen ihr Gebiet nach außen ab. Oft kann man statt Staat auch den Begriff „Land" verwenden.

**Steuer S. 83**

Schulen, Krankenhäuser und Straßen kosten Geld. Beamte, wie Lehrer und Polizisten, bekommen ihr Gehalt vom Staat. Steuern sind Geldzahlungen der Bürgerinnen und Bürger und Unternehmen an die Stadt, das Land und den Bund, damit diese solche Ausgaben übernehmen können. Das Zahlen von Steuern ist Pflicht, man hat dadurch aber keinen Anspruch auf eine Gegenleistung.

**Sucht, süchtig S. 54**

Wer viel Alkohol trinkt, gerät in einen Rausch. Manchen Menschen gefällt dieser Rausch so gut, dass sie ihn immer wieder erleben wollen. Sie wollen ständig Alkohol trinken, obwohl sie wissen, dass das schädlich für sie ist. Diese Menschen sind süchtig. Man sagt auch „abhängig". Viele Dinge können süchtig machen, zum Beispiel Rauschgifte wie Kokain, Tabak und manche Medikamente. Auch wer so oft und so lange am Computer spielt, dass er nicht mehr genug Schlaf bekommt und seinen Alltag nicht mehr bewältigen kann, ist süchtig. Eine Sucht ist eine Krankheit, die behandelt werden muss.

**Talsperre S. 34**

Bei einer Talsperre wird mit einem Staudamm oder einer Staumauer ein Flusstal abgeriegelt. Dahinter staut sich dann das Wasser und es bildet sich ein Stausee. Dies wird gemacht, um genügend Wasservorräte zu haben und um Überschwemmungen zu verhindern. Denn in dem abgesperrten Tal kann man sehr viel Wasser speichern. Viele Talsperren werden genutzt, um in Wasserkraftwerken Strom zu erzeugen.

**Tropen, tropisch, S. 42**

Nördlich und südlich des Äquators gibt es ein Gebiet, über dem die Sonne mindestens einmal im Jahr senkrecht steht.
Dieses Gebiet, das sich wie ein Band um die Erde erstreckt, sind die Tropen. Es ist die heißeste Klimazone der Erde. Es kann hier allerdings unterschiedlich feucht sein, deshalb gibt es in den Tropen sowohl Wüsten als auch Regenwälder.

**Ultraviolette Strahlung (UV-Strahlung) S. 15**

Von der Sonne geht Strahlung aus, wie zum Beispiel das Sonnenlicht. Es gibt aber Teile der Sonnenstrahlung, die für das menschliche Auge nicht sichtbar sind. Dazu gehört die ultraviolette Strahlung, abgekürzt UV-Strahlung. Teilweise ist sie für Menschen gefährlich, da sie Erkrankungen der Augen, Sonnenbrand und sogar Krebs auslösen kann. Deshalb ist es zum Beispiel wichtig, sich mit Sonnenbrillen und Sonnencremes zu schützen, die die UV-Strahlung zurückhalten. Nicht alle UV-Strahlen gelangen bis zur Erdoberfläche, ein Teil wird von der Atmosphäre abgehalten.

**Verwaltung S. 82**

Städte, Landkreise, Landes- und Bundesbehörden haben verschiedene Aufgaben. Diese Aufgaben müssen organisiert werden, zum Beispiel: Was ist zu tun? Wer macht das? Was wird dazu benötigt? Bis wann muss es erledigt sein? Eine solche Organisation geschieht in der Verwaltung. Außerdem ist die Verwaltung für die Kontrolle und Aufsicht zuständig: Werden Arbeiten richtig ausgeführt?

Werden Bestimmungen eingehalten? Ist das Ergebnis wie erwartet? Eine Verwaltung gibt es auch in mittleren und großen Unternehmen.

### Wasserturbine S. 95

Eine Wasserturbine ist ein modernes Wasserrad aus Metall. Auch sie hat Schaufeln und dreht sich, wenn Wasser hindurchströmt. Die Drehbewegung wird genutzt, um elektrische Energie zu erzeugen. Es gibt auch Turbinen, die mit Gas betrieben werden.

### Wetterstation S. 21

In einer Wetterstation befinden sich Messgeräte, die zum Beispiel die Temperatur, die Windgeschwindigkeit und die Dauer des Sonnenscheins messen. Die Wetterforscher benötigen die Messwerte für den Wetterbericht.

### Wiedervereinigung S. 102

Nach dem Zweiten Weltkrieg wurde Deutschland geteilt. Es entstanden die Bundesrepublik Deutschland im Westen und die Deutsche Demokratische Republik (DDR) im Osten. Lange Zeit trennte eine unüberwindliche Grenze die beiden Länder. Die Menschen aus dem Osten durften nicht in den Westen reisen. Doch dann kam es in der DDR zu Protesten, die im November 1989 zur Öffnung der Grenze führten. Ein Jahr später, im Oktober 1990, trat die DDR der Bundesrepublik Deutschland bei und es entstand ein Staat mit 16 Bundesländern. Dieses Ereignis wird die Wiedervereinigung genannt.

**Bildquellen: Auftakt 5** farbfilm verleih GmbH, Berlin; **6 ob.** Fotolia/michaeljung; **8 ob.li./8 ob. re.** akg-images; **8 (1-3)** Stadtmuseum Berlin/Kinder- und Jugendmuseum, Berlin; **8 (4-5)** Ullstein; **9 ob. re.** Fotolia/www.ChristianSchwier.de; **9 ob. li.** Glow Images/imagebroker.net; **9 (1)** picture alliance/ZB; **9 (zu 1)** Picture Alliance ZB (Füller); **9 (2)** imago/Gerhard Leber; **9 (3)** Fotolia/drubig-photo; **10 un. re.** farbfilm verleih GmbH, Berlin; **Auftakt 11** Fotolia/Jürgen Fälchle; **12 ob. re.** Fotolia/Christos Georghiou (Sonnensystem); **12 Mi.** Fotolia/robert (Erde); **13** Fotolia/SkyLine (Hintergrund); **13 ob. re.** Shutterstock/3000ad; **13 un. re.** Fotolia/nonfacciofoto; **14 ob.** Shutterstock/Vladimir Arndt; **16 Mi.** Shutterstock/Ammit Jack; **17 (1)** Image Source/Alex Greenwood; **17 (2-5)** Colourbox; **17 un. re.** Shutterstock/s-ts; **18 li.** Shutterstock/Nattika; **Auftakt 19** Shutterstock/magicinfoto; **21 ob.** Deutscher Wetterdienst (DWD), Berlin; **21 Mi. (1)** action press/NASA/NOAA Goes Project; **21 Mi. (2)** Deutscher Wetterdienst; **21 Mi. (3)** action press/OT, IBRAHIM; **23 ob. re.** akg/Science Photo Library; **3 Mi.** picture alliance/dpa; **23 un. re.** Satzelement: tritopp, Ingrid Uhlmann; **26 ob.** Glow Images © SuperStock (Hagel); **26 Mi.** TOPICMedia/imageBROKER/Hans Blossey (Tornado); **26 un.** action press/NASA (Wirbelstürme); **Auftakt 27** Shutterstock/Gabor Kovacs Photography; **29 ob.** look-foto; **v. l. n. r. 34 (1)** Fotolia/totalpics; **34 (2)** Fotolia/RicoK; **34 (3)** F1 Online/Erich Häfele/AGE; **34 (4)** Fotolia/mb67; **34 (5)** Fotolia/alexkazachok; **34 (6)** Fotolia/BB-Digitalfotos; **34 (7)** Arndt, S.E./juniors@wildlife; **34 (8)** Fotolia/Strippenzieher; **35 li.** picture alliance/blickwinkel/A; **35 re.** Fotolia/maranso; **35 un.** NABU/Helge May; **36 un. li.** Katharina Blakert, Berlin; **Auftakt 37** Fotolia/WWW.DonMammoserPhoto.com; **39 ob. li.** Shutterstock/Art Babych (Polarfuchs); **39 ob. re.** picture alliance/Minden Pictur (Pinguine); **39 Mi.** Shutterstock/Evgeniia Ozerkina; **39 un. re.** Fotolia/TOMAS HULIK-www.tomashulik.com; **40 (1)** imagebroker.com; **40 (zu 1)** Fotolia/Neil Burton 2015 (Wildschweine); **40 (2)** Fotolia/Slava Nemirovskiy (Pferde); **40 (zu 2)** Fotolia/petrabarz (Hafer); **40 (3)** Fotolia/Alessandro (Wüste); **40 (zu 3)** Fotolia/Vladimir Wrangel (Wüstenfuchs); **41 (1)** Fotolia/VOLODYMYR BURDYAK (Savanne); **41 (zu 1)** Fotolia/sichkarenko_com (Giraffe); **41 (2)** Fotolia/Stéphane Bidouze; **41 (zu 2)** Fotolia/Gudkov. Andrey (Gorilla); **46 ob.** Shutterstock/nije salam; **46 un.** © WWF; **Auftakt 47** Fotolia/godfer; **52 ob.** Tulipan Verlag, München; **52 Mi.** Shutterstock/Lukiyanova Natalia frenta (befruchtete Eizelle); **Auftakt 57** Fotolia/Rawpixel Ltd.; **61 ob.** action press/AGF s.r.l./REXaction press; **61 Mi.** Fotolia/Andrey Kuzmin; **v. l. n. r. 61 (1)** Fotolia/VRD (Geldscheine); **61 (2)** Fotolia/Detlef (Frontseite); **61 (3)** Fotolia/Detlef (Italien); **61 (4)** Fotolia/Momo1 (Frankreich); **61 (5)** Fotolia/Detlef (Deutschland); **62 ob.** Fotolia/pureshot; **62 Mi.** Shutterstock/Little Hand Creations/genehmigt durch Bundesverwaltungsamt; **62 un.** P. Widmann/CHROMORANGE/FOTOFINDER.COM; **Auftakt 65** Fotolia/Sliver; **68 (1)** Fotolia/Eva Pohl; **68 (2)** Fotolia/scimmery1; **68 (3)** ddp images/Frank Exß; **71 (1)** Peter Wirtz, Dormagen (Kompass); **71 (2-3)** Peter Wirtz, Dormagen; **74 un.** Shutterstock/NAN SKYBLACK; **75 (1)** Fotolia/Agentur Kröger (Spreewald); **75 (zu 1)** Fotolia/Henry Czauderna (Gewürzgurke); **75 (2)** Fotolia/Mario Hagen (Fläming); **75 (3)** Fotolia/Tilo Grellmann – www.tilo-grellmann.de; **80 re.** Fotolia/H&C; **Auftakt 81** Fotolia/ArTo; **Auftakt 87** Fotolia/MurielleB; **88 (1)** Fotolia/noobiel; **88 (2)** Fotolia/lesniewski; **88 (3)** Shutterstock/Jorg Hackemann; **89 ob. li.** Fotolia/Renate Wefers; **89 ob. re.** imago stock&people; **89 un. li.** 360 °Creative; **89 un. re.** © dpa; **91 li.** Shutterstock/CRSHELARE; **91 re.** ddp images; **95 re.** imagebroker.com; **97 re.** picture-alliance/Berliner Zeitung/Wulf Olm; **Auftakt 99** Fotolia/Peter Probst; **102 Mi.** INTERFOTO/ZimpelMedia – Science; **103 (1)** action press; **103 (2)** RelaXimages RF/F1online; **104 un. re.** Katharina Blakert, Berlin; **Auftakt 105** Fotolia/candy1812; **106** Peter Wirtz, Dormagen; **107** (Verkehrszeichen) Fotolia: Larry Rains; djdarkflower; klesign; KeepCoolBaby; (Fotos); Cornelsen/Peter Wirtz, Dormagen; **108 un.** Peter Wirtz, Dormagen; **109 li.** Marek Lange, Berlin; (Verkehrszeichen) Fotolia/markus-marb **109 re.** Peter Wirtz, Dormagen; **110** Colourbox; **111 (1)** Fotolia/orion_eff; **111 (2)** Fotolia/nickolae; **112 komplett** Peter Wirtz, Dormagen.

**Karten:** Peter Kast, Ingenieurbüro für Karthographie, Wismar

## Für Lehrkräfte: Übersicht zur Rahmenlehrplanpassung und Farberläuterung

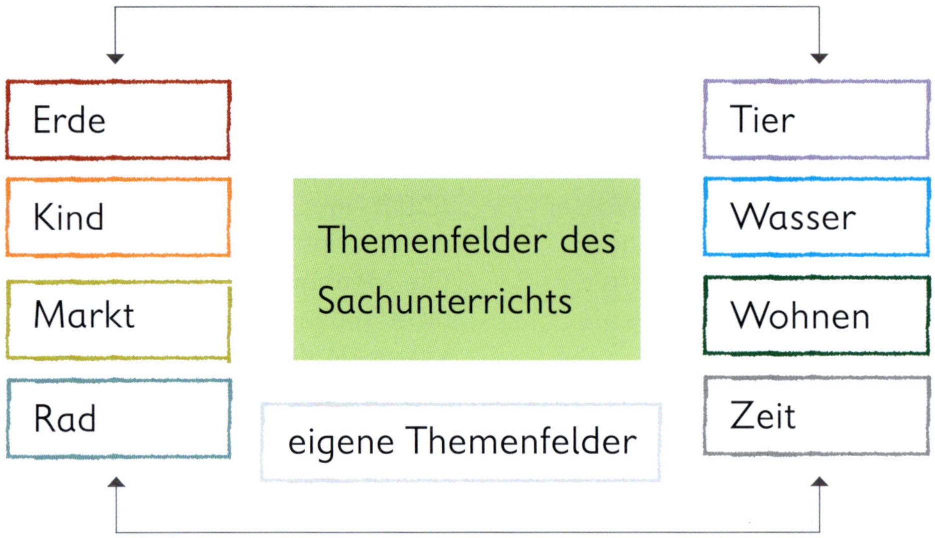


| Themenfeld | Themen | Seiten im Schülerbuch |
|---|---|---|
| **Kind** | Wie leben Kinder?<br>(Kinder als Teil der Familie und als Individuum) | 5–10 |
| | Wie funktioniert unser Körper? | 47–56 |
| | Was ist für unser Zusammenleben wichtig?<br>(Beziehungen leben und gestalten) | 10, 48–49, *(86 Erde)* |
| | Welche Rechte haben Kinder?<br>(Kinder als Teil der Gesellschaft) | 54–56 |
| | Womit kennen wir uns aus? | 56, *(80 Erde)*, *(105–109, 112 Rad)* |
| | Wie lebten Kinder früher? (fakultativ) | 8–10 |
| Übergreifende Themen | Bildung zur Akzeptanz von Vielfalt (Diversity), Gewaltprävention, Gleichstellung und Gleichberechtigung der Geschlechter (Gender Mainstreaming), Interkulturelle Bildung und Erziehung, Sexualerziehung/Bildung für sexuelle Selbstbestimmung | |
| **Erde** | Wo befindet sich unsere Erde im All und wie ist sie aufgebaut? | 11–18, 38, 57–59,<br>*(19–26, 28 Wasser)* |
| | Welche Lebensräume findet man auf der Erde?<br>(Globale Lebensräume) | 37–46,<br>*(27–36 Wasser)* |
| | Wo leben wir?<br>(Europa – Deutschland – unser Bundesland Berlin bzw. Brandenburg) | U2, 60–64, 65–80, 104 |
| | Wie leben wir?<br>(Politik und Verwaltung) | 61, 68–69, 73, 78–79, 81–86 |
| | Wie ist es so geworden?<br>(ältere und jüngere Zeitgeschichte) | 99–104 |
| | Wie sieht es hier aus und was wächst? (fakultativ)<br>(Landschaft und Ökologie) | 37–38, 40, 44–46, 66–73, 75,<br>*(32–35 Wasser)* |
| Übergreifende Themen | Demokratiebildung, Europabildung in der Schule, Kulturelle Bildung, Nachhaltige Entwicklung/Lernen in globalen Zusammenhängen | |